Haunerdinger/Probst

Der Weg in die internationale Rechnungslegung

Monika Haunerdinger/Hans-Jürgen Probst

Der Weg in die internationale Rechnungslegung

Grundlagen der Bilanzierung
nach HGB und IFRS

Bibliografische Information Der Deutschen Bibliothek
Die Deutsche Bibliothek verzeichnet diese Publikation in der Deutschen Nationalbibliografie;
detaillierte bibliografische Daten sind im Internet über <http://dnb.ddb.de> abrufbar.

1. Auflage Juni 2004

Alle Rechte vorbehalten
© Betriebswirtschaftlicher Verlag Dr. Th. Gabler GmbH, Wiesbaden 2004

Der Gabler Verlag ist ein Unternehmen von Springer Science+Business Media.

www.gabler.de

Das Werk einschließlich aller seiner Teile ist urheberrechtlich geschützt. Jede Verwertung außerhalb der engen Grenzen des Urheberrechtsgesetzes ist ohne Zustimmung des Verlags unzulässig und strafbar. Das gilt insbesondere für Vervielfältigungen, Übersetzungen, Mikroverfilmungen und die Einspeicherung und Verarbeitung in elektronischen Systemen.

Die Wiedergabe von Gebrauchsnamen, Handelsnamen, Warenbezeichnungen usw. in diesem Werk berechtigt auch ohne besondere Kennzeichnung nicht zu der Annahme, dass solche Namen im Sinne der Warenzeichen- und Markenschutz-Gesetzgebung als frei zu betrachten wären und daher von jedermann benutzt werden dürften.

Umschlaggestaltung: Ulrike Weigel, www.CorporateDesignGroup.de

Gedruckt auf säurefreiem und chlorfrei gebleichtem Papier.

ISNB-13: 978-3-409-12561-1   e-ISBN-13: 978-3-322-82477-6

DOI: 10.1007/978-3-322-82477-6

Vorwort

Dieses Buch vermittelt die nötigen Grundlagen, sozusagen die „Basics" der Internationalen Rechnungslegung. Es wendet sich an Lernende in der beruflichen Bildung und Studierende im Bereich Rechnungswesen aber auch an Praktiker des Rechnungswesens, die sich aktuell Basiswissen über die Internationale Rechnungslegung aneignen müssen.

In der Praxis findet man häufig gewisse „Berührungsängste" mit der Internationalen Rechnungslegung. Man vermutet komplizierte Regelwerke oder befürchtet sprachliche Barrieren. All dies ist unbegründet. Zum Verständnis der IFRS benötigt man kein fachspezifisches Englisch und jeder, der die deutsche Rechnungslegung lt. Handelsgesetzbuch versteht, wird mit den IFRS keine Schwierigkeiten haben, denn so unterschiedlich ist die Internationale Rechnungslegung nicht!

Bei der Strukturierung der Fachinhalte haben wir uns an der Bilanzgliederung des deutschen Handelsgesetzbuches orientiert. So wird der interessierte Leser bei ihm bekannten Inhalten abgeholt. Es gibt Querverweise zwischen den bekannten HGB-Inhalten und den IFRS. Die IFRS sind ein relativ junges Regelwerk, das noch nicht abgeschlossen ist und sich ständig in der internationalen Diskussion befindet. So kommt es immer wieder zu aktuellen Änderungen und Ergänzungen. Nach Buchdruck bieten wir Ihnen auf der Homepage des Gabler Verlages (www.gabler.de) einen Aktualisierungsservice zu den Inhalten dieses Buches an.

Ferner enthält das Buch Aufgaben und Lösungen zur Selbstkontrolle bzw. zur Prüfungsvorbereitung.

Ergänzt werden die Inhalte durch diverse nützliche Anhänge, wo man schnell einmal etwas für die Lehre oder Praxis nachschlagen kann.

In diesem Sinne hoffen wir auf einen guten Lernerfolg!

Für Anregungen und Kritik zu diesem Buch haben wir immer ein offenes Ohr (autorenteam.wirtschaft@gmx.de).

Berchtesgaden im Mai 2004   Autoren und Verlag

Inhaltsverzeichnis

Vorwort V
Inhaltsverzeichnis VII
Abkürzungsverzeichnis IX
1. Entwicklung der Internationalen Rechnungslegung 1
    1.1 Gründe für eine Internationale Rechnungslegung 1
    1.2 Systeme der Internationalen Rechnungslegung 4
2. Umstellung auf die Internationale Rechnungslegung 13
    2.1 Rechtliche Rahmenbedingungen 13
    2.2 Auswirkungen der Umstellung 16
3. Aufbau des IFRS-Regelwerkes 21
4. Grundsätze der Rechnungslegung nach HGB und IFRS 29
5. Posten der externen Rechnunglegung 39
    5.1 Bilanz 40
        5.1.1 Immaterielles und Sachanlagevermögen 42
        5.1.2 Finanzvermögen 56
        5.1.3 Vorräte/Fertigungsaufträge 62
        5.1.4 Restliche Posten der Aktivseite der Bilanz 72
        5.1.5 Eigenkapital 75
        5.1.6 Rückstellungen 80
        5.1.7 Verbindlichkeiten 86
        5.1.8 Latente Steuern 90
    5.2 Gewinn- und Verlustrechnung 94
    5.3 Eigenkapitalveränderungsrechnung 96
    5.4 Kapitalflussrechnung 98
    5.5 Anhang und Segmentberichterstattung 104
    5.6 Eckpunkte der Konzernrechnungslegung 107
6. Beispiele aus der Unternehmenspraxis 115
7. Vergleich HGB / IFRS 123
8. Arbeitshilfen zur Umstellung von HGB auf IFRS 129
Lösungsteil 135

Anhang **145**
   1. Übersicht über die International Financial Reporting Standards (IFRS) 146
   2. Glossar zu wichtigen Begriffen der IFRS 153
   3. Übersetzungen von Bilanz- und GuV-Positionen ins Amerikanische und Englische 156
   4. Internetadressen zum Thema IFRS 161

Literaturverzeichnis **163**

Stichwortverzeichnis **165**

Abkürzungsverzeichnis

AG	Aktiengesellschaft
AICPA	American Institute of Certified Public Accountants
APB	Accounting Principles Board bzw. Abkürung für deren Verlautbarungen
BilReG	Bilanzrechtsreformgesetz
DRS	Deutsche Rechnungslegungsstandards
DRSC	Deutsches Rechnungslegungs Standards Committee e.V.
DSR	Deutscher Standardisierungsrat
EBIT	Earnings before interests and taxes (Ergebnis vor Zinsen und Steuern)
ED	Exposure Draft (=Entwurf eines Standards)
EFRAG	European Financial Reporting Advisory Group
EU	Europäische Union
EUR	Euro
FASB	Financial Accounting Standards Board
GoB	Grundsätze ordnungsmäßiger Buchführung und Bilanzierung
GuV	Gewinn- und Verlustrechnung
HGB	Handelsgesetzbuch
IAS	International Accounting Standard (seit 2001 offizielle Bezeichnung IFRS)
IASB	International Accounting Standards Board
IASC	International Accounting Standards Committee
IdW	Institut der Wirtschaftsprüfer
IFRS	International Financial Reporting Standards
IFRIC	International Financial Reporting Interpretation Committee; Abkürzung für Interpretationen zu den IFRS bzw. IAS
KapAEG	Kapitalaufnahme-Erleichterungsgesetz
KonTraG	Gesetz zur Kontrolle und Transparenz im Unternehmensbereich
NYSE	New York Stock Exchange

RIC	Rechnungslegungs Interpretations Committee; Abkürzung für Interpretationen zu den DRS
SEC	Securities and Exchange Commission (amerikanische Wertpapieraufsichtsbehörde)
SIC	Standing Interpretations Committee; Abkürzung für Interpretationen zu den IAS
US-GAAP	United States - Generally Accepted Accounting Principles (GoB der Vereinigten Staaten)
WPK	Wirtschaftsprüferkammer

1. Entwicklung der Internationalen Rechnungslegung

Das Handelsgesetzbuch (HGB) gibt es schon seit 1897. Inzwischen erfolgten einige Änderungen und Reformierungen, z.B. in Folge von EG-Richtlinien. Diskussionen über eine Internationalisierung der Rechnungslegung gibt es schon seit den 70er Jahren des letzten Jahrhunderts; es gab aber bis in die 90er Jahre keinen entscheidenden Durchbruch. Eine **erste Regelung zur Internationalisierung der Rechnungslegung** wurde 1998 durch das damalige Kapitalaufnahme-Erleichterungsgesetz (KapAEG) geschaffen. Im Rahmen dieses Gesetzes wurde eine Bestimmung in das HGB aufgenommen (§292a HGB Befreiung von der Aufstellungspflicht), die es börsennotierten Mutterunternehmen eines Konzerns ermöglichte, erstmals mit befreiender Wirkung den Konzernabschluss auch nach international anerkannten Rechnungslegungsgrundsätzen aufzustellen. Seitdem haben einige große deutsche Unternehmen ihre Rechnungslegung auf **US-GAAP** (**U**nited **S**tates - **G**enerally **A**ccepted **A**counting **P**rinciples = US-amerikanische allgemein akzeptierte Rechnungswesen Prinzipien) oder **IFRS**[1] (**I**nternational **F**inancial **R**eporting **S**tandards = Internationale Finanz-Berichtswesen Standards) umgestellt. Beide Rechnungslegungssysteme wurden zunächst als gleichwertig angesehen, wobei sogar ein erster Trend in Richtung der Anwendung der US-GAAP ging.

Seit 2002 eine EU-Verordnung für börsennotierte Unternehmen die Erstellung des konsolidierten Jahresabschlusses nach IFRS ab 2005 vorschreibt, hat sich die Waagschale eindeutig Richtung IFRS verschoben. Die Bedeutung der US-GAAP wird in der deutschen Bilanzpraxis zurückgehen. Unternehmen, die bereits nach US-GAAP bilanzieren, wird eine Übergangsfrist bis 2007 eingeräumt, um auf IFRS umzustellen.

1.1 Gründe für eine Internationale Rechnungslegung

Lernziel: Sie können die Notwendigkeit einer Internationalen Rechnungslegung nachvollziehen und begründen.

Einstieg ins Thema

Die Globalisierung auf den Güter- und Kapitalmärkten ist längst Realität. Waren, Dienstleistungen und Kapital werden grenzüberschreitend gehandelt. Die Rechnungslegung hinkt dieser Entwicklung noch

---

[1] Die IAS (International Accounting Standards) wurden im April 2001 offiziell in IFRS (International Financial Reporting Standards) umbenannt.

hinterher, aber die Forderung nach einer einheitlichen Internationalen Rechnungslegung wird immer lauter. Jahresabschlüsse müssen auf internationaler Ebene vergleichbar sein. Dies wird z.B. von potenziellen Investoren erwartet: Wer sich an einem Unternehmen beteiligt, möchte die Erfolgsaussichten realistisch einschätzen können. Aber auch Kreditgeber, Lieferanten, Kunden und nicht zuletzt die Öffentlichkeit haben Interesse an international vergleichbaren Aussagen über die wirtschaftliche Situation von Unternehmen.

Vertiefende Informationen

Tendenzen zur Internationalisierung betreffen nicht nur die Rechnungslegung, sondern auch andere Regelungen und Gesetze, die für Unternehmen relevant sind. Hier zwei Beispiele:

- Corporate Governance

  Der Corporate-Governance-Kodex, der auch von vielen deutschen Unternehmen eingehalten wird, stellt international geltende Verhaltensstandards auf, d.h. es gibt Vorgaben wer wann und wie zu informieren ist oder dass z.B. eine Risikovorsorge im Unternehmen getroffen wird usw. Auch wird die Offenlegungspflicht speziell für börsennotierte Unternehmen geregelt: Ziel ist Transparenz.

- Rating und Basel II

  Die Kreditvergabe von Banken an Unternehmen wird auch in Deutschland durch Basel II neu geordnet (Basel II: Ein neues Regelwerk der Bankenaufsicht mit Sitz in Basel). Künftig orientiert sich die Kreditvergabe an der Ratingeinstufung eines Unternehmens, d.h., jedes Unternehmen wird hinsichtlich seiner Finanzkraft und Solidität „benotet".

Konkrete Gründe für eine Internationale Rechnungslegung

Zugang zu internationalen Kapitalmärkten

Eine Internationale Rechnungslegung ist die ***Voraussetzung für den Zugang zu internationalen Kapitalmärkten***. Auch deutsche Unternehmen wollen in verstärktem Maße internationale Kapitalmärkte für ihre Finanzierung nutzen. Um z.B. an der New York Stock Exchange (NYSE), der New Yorker Börse notiert zu werden, müssen die Jahresabschlüsse des Unternehmens nach den US-amerikanischen Rechnungslegungsvorschriften (US-GAAP) aufgestellt werden. Abschlüsse nach dem deutschen Handelsgesetzbuch (HGB) werden in den USA nicht akzeptiert. Somit bedingt die Öffnung für internationale Kapitalmärkte die Einhaltung von Börsenvorschriften, die eine Anwendung von internationalen Rechnungslegungsvorschriften notwendig macht.

1.1 Gründe für eine Internationale Rechnungslegung

Die Verwendung von internationalen Rechnungslegungsvorschriften erleichtert auch dem Anleger/Aktionär die Entscheidung für oder gegen eine Investition in ein Unternehmen. Beim Aktienkauf orientieren sich die Investoren insbesondere am Erfolg und Unternehmenswert des Unternehmens. Um die unterschiedlichen **Unternehmen für den Anleger/Aktionär international vergleichbar** zu machen, muss die Gewinnermittlung der Unternehmen nach weltweit geltenden Rechnungslegungsvorschriften erfolgen. So fordern insbesondere internationale Anleger (z.B. international agierende Großbanken oder Fondsgesellschaften) eine Rechnungslegung nach internationalen Richtlinien.

Verbesserte Information des Aktionärs

Um auf internationalen Märken auftreten und sich als Unternehmen präsentieren zu können, muss das Zahlenwerk im Rahmen der **Unternehmensdarstellung** auf internationalen Standards beruhen. Grundsätzlich dienen damit Unternehmensdaten, die auf einer internationalen Rechnungslegung basieren, einer Verbesserung der Kommunikation und Vergleichbarkeit der Unternehmen weltweit. Der z.B. französische Investor „versteht" nun den Jahresabschluss und damit die wirtschaftliche Situation eines australischen Unternehmens.

Unternehmensdarstellung auf internationaler Ebene

Insbesondere Konzerne, deren Tochterunternehmen über verschiedene Länder und Kontinente verstreut sind, haben ein Interesse an einer internationalen Vergleichbarkeit ihrer Unternehmensteile. Die internationale Rechnungslegung hift so bei der **Vereinheitlichung des Konzernberichtswesens** und somit zu einer besseren Einschätzung und Vergleichbarkeit der einzelnen Unternehmensteile.

Vereinheitlichung des Konzernberichtswesens

BEISPIEL:

Ein mittelständisches Unternehmen der Möbelbranche besitzt neben dem Stammhaus in Deutschland verschiedene ausländische Tochterunternehmen. Jede ausländische Tochter berichtet an die deutsche Zentrale nach dem jeweiligen nationalen Rechnungslegungssystem. Die „Übersetzung" dieser Berichtsformate in ein einheitliches Zahlenwerk für das Gesamtunternehmen ist aufwendig und mit einer starken zeitlichen Verzögerung verbunden. Als Konsequenz wurden Fehlentwicklungen in einem osteuropäischen Tochterunternehmen zu spät erkannt und Korrekturmaßnahmen zu spät eingeleitet. Der Geschäftsführer dieses Unternehmens veranlaßte anschließend die längst fällige Vereinheitlichung des Konzernbereichtswesen auf Basis von IFRS.

Abstimmungsarbeiten zwischen internen und externem Rechnungswesen werden durch die Einführung internationaler Rechnungslegungsstandards ***vereinfacht***. Die internationale Rechnungslegung orientiert sich stärker an Zeitwerten als z.B. das HGB und ist damit dem internen Rechnungswesen näher.

Vereinfachte Abstimmung mit dem internen Rechnungswesen

Einheitliche Grundlage für ein Rating

Ratings (s.o.) müssen international vergleichbar sein, also müssen sich auch die Grundlagen für das Rating auf ein einheitlichen Zahlenwerk beziehen. Die meisten Banken verlangen hierzu einen Jahresabschluss nach IFRS oder US-GAAP.

Zusammenfassung

Der Weg zur internationalen Rechnungslegung ist ein Ergebnis der Globalisierung und damit Internationalisierung der Wirtschaftsbeziehungen. Die Jahresabschlüsse international agierender Unternehmen müssen von den Interessenten an den Unternehmen (z.B. Investoren, Banken usw.) verstanden werden.

Aufgaben

- Nennen Sie stichwortartig mindestens drei Gründe für eine Internationalisierung der Rechnungslegung.

1.2 Systeme der Internationalen Rechnungslegung

Lernziel: Sie kennen die unterschiedlichen Systeme der Internationalen Rechnungslegung und können deren Unterschiede benennen.

Einstieg ins Thema

Die wichtigsten intenationalen Rechnunglegungssysteme sind die **IFRS** (**I**nternational **F**inancial **R**eporting **S**tandards = Internationale Finanz-Berichtswesen Standards) einerseits und die **US-GAAP** (**U**nited **S**tates - **G**enerally **A**ccepted **A**counting **P**rinciples = US-amerikanische allgemein akzeptierte Rechnungswesen Prinzipien) andererseits. Sie unterscheiden sich in ihrer Entstehungsgeschichte, in dem Umfang der Regelwerke und in ihrem Geltungsbereich. Trotzdem haben beide Systeme sehr viele Gemeinsamkeiten und verfolgen beide (wie die Vorschriften des HGB im übrigen auch) das Ziel der Vermittlung von Informationen für wirtschaftliche Entscheidungen und der Rechenschaftslegung.

Vertiefende Informationen

Die US-GAAP entstanden aus den Anforderungen der amerikanischen Bösenaufsicht

Die amerikanischen Rechnungslegungsvorschriften **US-GAAP** wurden nicht mit der Absicht entwickelt, einen einheitlichen internationalen Rechnungslegungsstandard zu schaffen. Die US-GAAP sind vielmehr eine indirekte Folge des Börsenkrachs von 1929, der unter anderem zur Einrichtung der ***amerikanischen Börsenaufsicht*** Securities and

1.2 Systeme der Internationalen Rechnungslegung

Exchange Commission (SEC) geführt hat. Diese Börsenaufsicht kann bestimmen, welche Grundsätze und Richtlinien für die Aufstellung und den Inhalt der von den Unternehmen einzureichenden Berichte zu beachten sind. Hieraus entstanden die US-GAAP. Sie hatten damit zunächst nur eine nationale Bedeutung für Unternehmen, deren Aktien an der New Yorker Börse gehandelt wurden. Doch auch immer mehr ausländische Unternehmen, darunter auch eine Reihe von deutschen Unternehmen, sind an der amerikanischen Börse notiert. So gelangten die US-GAAP zu internationaler Bedeutung.

Anders verhält es sich mit den **International Financial Reporting Standards (IFRS)**. Sie wurden von Anfang an als internationaler Standard für die Rechnungslegung von Unternehmen geplant und konzipiert. Hierzu hatten sich die mit der Rechnungslegung befassten Berufsverbände mehrerer Länder zusammengetan und das International Accounting Standards Committee (IASC) gegründet. Die Herangehensweise bei der Erstellung der IFRS ist es nicht, ein komplett „neues" Rechnungslegungssystem aufzustellen, sondern die bereits vorhanden **nationalen Rechnungslegungssysteme sollen vereinheitlicht werden**. Aus dieser Vereinheitlichung sollen die IFRS als weltweiter Standard für die Rechnungslegung hervorgehen. Die weltweite Anerkennung und Nutzung der IFRS ist das Ziel der an der Aufstellung und der Gestaltung der IFRS beteiligten Länder und Organisationen.

Die IFRS wurden durch den internationalen Zusammenschluss von Fachleuten initiiert

Internationale Rechnungslegungssysteme

US-GAAP	IFRS
Anwendung für Unternehmen, die an der New Yorker Börse notiert sind.	Anwendung für Unternehmen weltweit
Ursprünglich nationales System, durch die wichtige Stellung der New Yorker Börse inzwischen internationale Bedeutung	*Echtes internationales Rechnungslegungssystem*

Abbildung 1.2-1: Interationale Bedeutung von US-GAAP und IFRS

US-GAAP (Generally Accepted Acounting Principles)

Werden die Aktien eines Unternehmens an der New Yorker Börse (New York Stock Exchange, NYSE) gehandelt, so muss dieses Unternehmen seinen Jahresabschluss (Financial Statement) nach US-GAAP erstellen. Diese Forderung wird von der amerikanischen Wertpapieraufsichtsbehörde, der Securities and Exchange Commission (**SEC**) aufgestellt. Obwohl die US-GAAP kein Gesetz sind, haben sie aufgrund der Anerkennung durch die SEC praktisch Gesetzeskraft. Die Formulierung der Rechnungslegungsgrundsätze hat die SEC an die Berufsorganisation der Wirtschaftsprüfer, an das American Institute of Certified Public Accountants (**AICPA**) delegiert. Seit 1973 hat diese Aufgabe das **FASB** (Financial Accounting Standards Board) übernommen, da die AICPA naturgemäß mehr die Interessen der Wirtschaftsprüfer als die Interessen der Öffentlichkeit vertreten hat.

Normenvielfalt, geordnet im House of GAAP

Die US-GAAP wurden damit von verschiedenen Institutionen erarbeitet, herausgegeben und überwacht: SEC, AICPA und FASB. Auch die Vorschriften, die diese Institutionen herausgegeben haben, haben unterschiedliche Bezeichnungen und werden in einer bestimmten Reiehnsolge für die Lösung von Praxisproblemen herangezogen. So ergibt sich insgesamt ein sehr komplexes Regelwerk, das auch als „*House of GAAP*" bezeichnet wird.

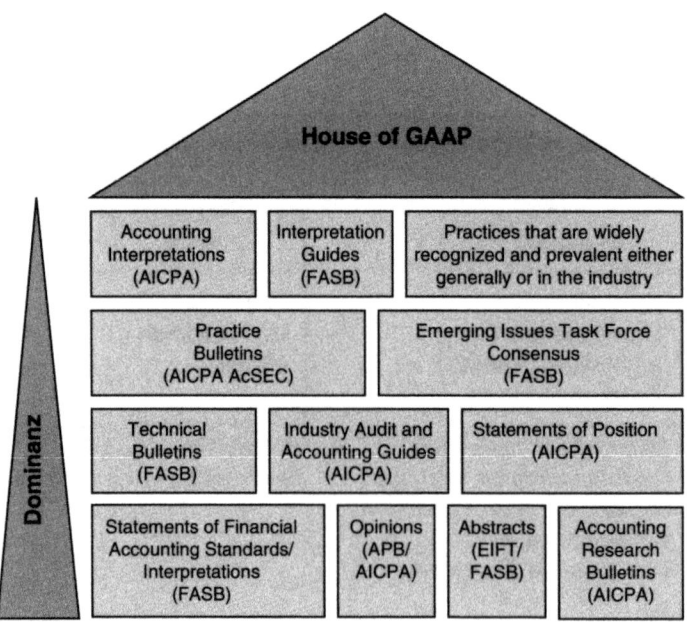

Abbildung 1.2-2: House of GAAP

1.2 Systeme der Internationalen Rechnungslegung

Die Anordnung innerhalb des House of GAAP zeigt an, wie dominant die einzelnen Bauteile sind. Einige Bauteile bilden das Fundament und müssen zwingend angewendet werden. Obere Bauteile wie z.B. die Accounting Interpretations werden erst angewendet, wenn keine der unteren Regelungen zu keiner Lösung des konkreten Praxisfalls geführt hat.

Unterschiedliche Relevanz der Bauteile des House of GAAP

IFRS (International Financial Reporting Standards)

Das **International Accounting Standards Committee (IASC)** wurde 1973 durch eine Vereinbarung von sich mit der Rechnungslegung befassenden Berufsverbänden aus Australien, Deutschland, Frankreich, Großbritannien und Irland, Japan, Kanada, Mexiko, den Niederlanden und den USA als eine unabhängige privatrechtliche Organisation gegründet. Das IASC ist der Initiator der Idee und der Konzeption der International Accounting Standards (IAS), die später in International Financial Reporting Standards (IFRS) umbenannt wurden. Dem IASC gehören zur Zeit 150 Mitglieder aus 112 Ländern an, darunter aus Deutschland das Institut der Wirtschaftsprüfer (IDW) und die Wirtschaftsprüfungskammer (WPK). Die *internationale Harmonisierung der Rechnungslegung* ist oberstes Ziel der Gründer des IASC. Die IFRS stellen damit das einzig wirkliche internationale Rechnungslegungssystem dar. Das IFRS-Regelwerk wurde für den weltweiten Einsatz konzipiert.

Initiator der International Accounting Standards: IASC

Seit Neustrukturierung des IASC Anfang 2001 wird die Weiterentwicklung der IFRS von dem **Internationals Accounting Standards Board (IASB)** vorangetrieben. Das IASB ist keine staatliche Organisation, sondern ein Zusammenschluß privatwirtschaftlich organisierter Unternehmen. Vertreter von Unternehmen und Verbänden und auch die breite Öffentlichkeit können sich am Normierungsprozess der IFRS durch Stellungnahmen und Kommentare beteiligen.

Der IASB ist die Nachfolgeorganisation des IASC

BEGRIFFSKLÄRUNG IFRS UND IAS:

Die Begriffe International Financial Reporting Standards (IFRS) und International Accounting Standards (IAS) werden oft als gleichwertige Begriffe verwendet. Dies ist nicht korrekt. Bei seiner Gründung hat das IASB alle bereits vorhandenen Standards der IASC unter ihrer bisherigen Bezeichnung International Accounting Standards (IAS) übernommen und diese Bezeichnung bisher nicht geändert. Alle neuen vom IASB herausgegebenen Normen tragen aber die Abkürzung IFRS. Das vom IASB gerausgegebene offizielle Regelwerk trägt somit den Titel „**International Financial Reporting Standards**" (IFRS) mit dem Untertitel „**Incorporating the International Accounting Standards and Interpretations**", d.h. neben den neuen IFRS sind auch die IAS unter ihrer alten Bezeichnung Teil der IFRS.

> **Die IAS sind damit eine Untermenge der IFRS.**

BEGRIFFSKLÄRUNG IFRIC UND SIC

Die Interpretationen zu IAS bzw. IFRS wurden ebenfalls umbenannt. Die bisherigen Interpretationen zu den IAS heißen **SIC**, nach dem Standing Interpretations Committee. Die neu hinzukommenden Interpretationen zu dem gesamten IFRS-Regelwerk werden **IFRIC** genannt und werden vom International Financial Reporting Interpretation Committee aufgestellt.

Somit besteht das „House of IFRS aus den folgenden Bestandteilen:

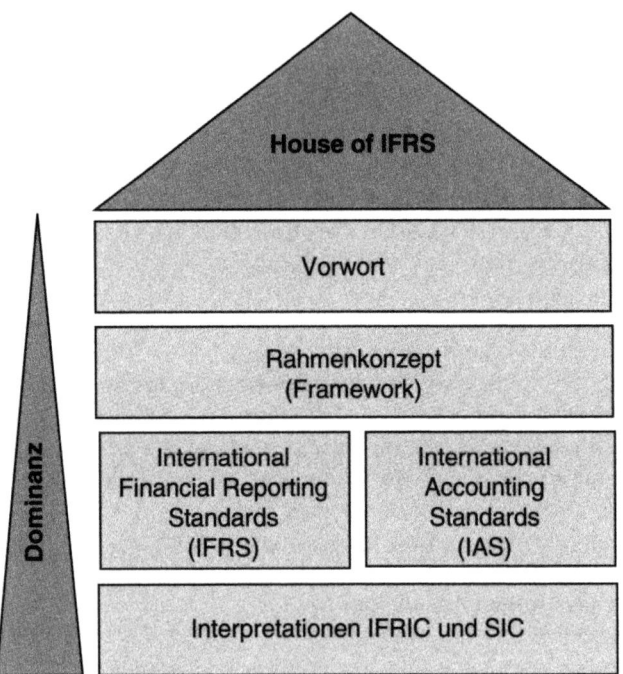

Abbildung 1.2-3: House of IFRS

Ebenso wie bei dem House of GAAP zeigt die Anordnung der einzelnen Bauteile des House of IFRS, wie unterschiedlich stark der Einfluss der einzelnen Regelungen im Geamtwerk ist. Während Vorwort und Rahmenkonzept eher die Grundsätze der Rechnungslegung beschreiben, regeln die Standards spezielle Sachverhalte und die Interpretationen dienen zur konkreten Auslegung und Ergänzung bei Unklarheiten.

1.2 Systeme der Internationalen Rechnungslegung

Der Weg zur internationalen Akzeptanz der IFRS

Die IFRS werden nicht von einem Gesetzgebungsorgan verabschiedet. Das IASB ist eine private Vereinigung. Auch wenn die internationale Wertpapieraufsichtsbehörde IOSCO (International Organization of Securities Commissions) die meisten IFRS anerkannt hat, gelten die IFRS nicht automatisch für jede nationale Wertpapieraufsichtsbehörde, auch wenn diese im IASB Mitglied ist. **Die IFRS müssen von den jeweiligen nationalen Gesetzgebern akzeptiert werden.** Neben der Verabschiedung von Standards und Interpretations ist daher eine der Hauptaufgaben des IASB, die Kontaktaufnahme zu nationalen Rechnungslegungsinstitutionen, den so genannten Standardsettern, um die Umsetzung der IFRS international voranzutreiben.

Zur Übernahme der IFRS für den europäischen Raum wurde die **European Financials Reporting System Advisory Group (EFRAG)** gegründet. Dies ist ein mit Fachleuten besetzter Ausschuß, der die Eignung der IFRS als europäische Rechnungslegungsnorm prüft. Die EFRAG entscheidet über die Übernahme („endorsement") der IFRS für den EU-Raum. Es ist aber davon auszugehen, dass alle bisher veröffentlichten IFRS weitgehend unverändert für den EU-Raum übernommen werden.

Mit der Akzeptanz der IFRS auf europäischer Ebene befasst: EFRAG

Aus deutscher Sicht ist noch eine weitere Institution von Bedeutung. Im März 1998 wurde das **Deutsche Rechnungslegungs Standards Committee (DRSC)** gegründet. Die Aufgaben des DRSC sind:

- Entwicklung von Grundsätzen der Konzernrechnungslegung
- Beratung des Bundesministeriums der Justiz (BMJ) bei Gesetzgebungsvorhaben zur Rechnungslegung
- Vertretung der deutschen Interessen in den internationalen Standardisierungsgremien (z.B. IASB)

Mit der Akzeptanz der IFRS in Deutschland befaßt: DRSC

Vergleich der beiden Systeme US-GAAP und IFRS:

1. Geltungsbereich / Akzeptanz

Die US-GAAP gelten für alle Unternehmen, deren Aktien an einer US-Börse gehandelt werden. Die Anerkennung der IFRS durch die amerikanische Börsenaufsichtsbehörde SEC steht immer noch aus. Abschlüsse nach dem deutschen HGB werden in den USA ebenfalls nicht akzeptiert.

Die IFRS sind außerhalb der USA international anerkannt. Für den europäischen Raum wird IFRS das maßgebliche Rechnungslegungssystem werden. Eine EU-Verordnung legt fest, dass spätestens ab 2005 Konzernabschlüsse von EU-Unternehmen verpflichtend nach IFRS aufgestellt werden müssen. Für Unternehmen, die aufgrund ihrer Notierung an einer US-Börse bereits einen US-GAAP-Abschluss erstellen, gilt eine Übergangsregelung bis 2007. Spätestens dann müssen auch diese Unternehmen einen Konzernabschluss nach IFRS aufstellen. Sollten die IFRS bis dahin nicht von der amerikanischen Börsenaufsicht anerkannt worden sein, so müssen manche Unternehmen unter Umstände drei Rechnungslegungssysteme anwenden: HGB für den Einzelabschluss, IFRS für den Konzernabschluss und US-GAAP für die Notierung an der New Yorker Börse (NYSE).

2. Ziele des Rechnungslegungssystems

Die Ziele beider Systeme kann man als gleichwertig bezeichnen: Beide Systeme dienen der Rechenschaftslegung des Managements und wollen den Informationsbedürfnissen des externen Jahresabschlusslesers (z.B. Aktionär, Finanzanalyst, Kunde, Arbeitnehmer, Kreditgeber, Investor etc.) gerecht werden. Der Jahresabschluss soll dem externen Leser die Informationen zur Verfügung stellen, die er für seine Entscheidungen benötigt. Dies können Entscheidungen über eine Kreditvergabe an das Unternehmen sein oder Investitionsentscheidungen, Entscheidungen für Kauf oder Verkauf von Aktien, und vieles mehr.

3. Komplexität

Die IFRS sind übersichtlicher und verständlicher als die US-GAAP. Die IFRS kommen mit weniger Verlautbarungen aus und sind auf die notwendigen Regelungsbereiche beschränkt, während die US-GAAP oft auch spezielle nationale amerikanische Bedürfnisse abdecken.

Der geringere Regelungstiefe der IFRS läßt mehr Interpretationsspielraum zu und eröffnet dem Bilanzersteller mehr Wahlrechte. Aus Sicht der Bilanzpolitik können durch diese Wahlrechte und Interpretationsspielräume einzelne Bilanzpositionen wie z.B. die Höhe des Eigenkapitals beeinflusst und ganz legal gestaltet werden. Die US-GAAP sind durch ihren hohen Detaillierungsgrad auf viele Einzelprobleme direkt zugeschnitten und verzichten weitestgehend auf Wahlrechte und Interpretationsfreiräume.

Annäherung der beiden Systeme

Grundsätzlich ist die Tendenz festzustellen, dass beide Systeme US-GAAP und IFRS sich einander annähern. Hierzu haben die IASB und FASB im Oktober 2002 eine gemeinsame Absichterklärung zur Angleichung der Rechnungslegungsvorschriften beider Systeme herausgegeben (nachzulesen bei www.iasb.org).

Zusammenfassung

Die US-GAAP wurden nicht als international geltender Rechnungslegungsstandard entwickelt, sondern für amerikanische und ausländische Unternehmen, deren Aktien an einer amerikanischen Börse gehandelt werden. Anders die IFRS: Sie waren von Anfang an als einheitlicher Weltstandard der Rechnungslegung für alle Unternehmen gedacht.

Der Entwicklung der IFRS hin zu dem führenden internationalen Rechnungslegungssystem scheint vorgezeichnet und wird durch die EU-Verordnung aus dem Jahre 2002 auch für den europäischen Raum vorgegeben. Die Bedeutung der US-GAAP wird abnehmen.

Aufgaben
- Nennen Sie drei wesentliche Unterschiede zwischen den Rechnungslegungssystemen IFRS und US-GAAP.

2. Umstellung auf die Internationale Rechnungslegung

Viele Unternehmen überlegen sich, nach international gültigen Standards zu bilanzieren. Sie werden hierzu auch von Banken und internationalen Geschäftspartnern gedrängt. Doch vor der Umstellung sind eine Reihe von Fragen zu klären:

- Welche Unternehmen müssen IFRS einführen?
- Welche Möglichkeit haben Unternehmen, freiwillig eine Rechnungslegung nach IFRS zu erstellen?
- Was sind die wichtigsten Unterschiede zwischen HGB und IFRS?
- Welche Auswirkungen hat die Umstellung auf die Bilanzpositionen?

Aufgrund der sinkenden Bedeutung der US-GAAP insbesondere für deutsche Unternehmen wird im folgenden auf eine Umstellung auf die International Financial Reporting Standards (IFRS) eingegangen.

2.1 Rechtliche Rahmenbedingungen

Lernziel: Im folgenden Abschnitt lernen Sie die rechtlichen Rahmenbedingungen für die Einführung der Internationalen Rechnungslegung kennen.

Einstieg ins Thema

Ein erster Schritt in Richtung Internationale Rechnungslegung wurde 1998 mit der Möglichkeit des „Befreienden Konzernabschlusses" nach §292a HGB getan (Teil des Kapitalaufnahme-Erleichterungsgesetzes KapAEG). Aufgrund einer EU-Verordnung werden ab 2005 ca. 7000 börsennotierte Unternehmen in der EU ihren Konzernabschluss nach IFRS aufstellen. Darüber hinaus steht es grundsätzlich jedem Unternehmen frei, einen zusätzlichen Jahresabschluss nach IFRS vorzulegen.

Vertiefende Informationen

Die EU-Verordnung zur internationalen Rechnungslegung vom 27. Mai 2002 besagt, dass „alle kapitalmarktorientierten Gesellschaften in der Gemeinschaft ihre konsolidierten Abschlüsse spätestens ab dem Jahr

EU-Verordnung zur internationalen Rechnungslegung

2005 nach einheitlichen Rechnungslegungsstandards, den „International Accounting Standards" (IAS), aufstellen." Das heißt, dass es **Pflicht** ist, die **IFRS** (damals noch unter der Bezeichnung IAS) *auf den Konzernabschluss bei börsenorientierten Unternehmen* anzuwenden.

Aber welche Regelungen gelten

- für den Einzelabschluss eines börsennotierten Unternehmens,
- für den Einzelabschluss eines nicht börsennortierten Unternehmens und
- den Konzernabschluss eines nicht börsennotierten Unternehmens?

Wahlrecht der EU-Mitgliedstaaten IFRS für jedes Unternehmen anzuwenden

Hier besagt die EU-Verordnung, dass die Mitgliedstaaten ein Wahlrecht haben. Sie können die Regelung auch auf die Einzelabschlüsse und auf die Konzernabschlüsse von nicht börsennortierten Unternehmen ausdehnen. Eine Pflicht besteht dazu jedoch nicht.

Bilanzrechtsreformgesetz

Die Deutsche Bundesregierung hat inzwischen angekündigt, allen Unternehmen zu ermöglichen, ihre Konzernabschlüsse und Einzelabschlüsse nach den IFRS aufzustellen. Festgelegt wird dies im Gesetz zur Einführung internationaler Rechnungslegungsstandards und zur Sicherung der Qualität der Abschlussprüfung (Bilanzrechtsreformgesetzes - BilReG), das Stand April 2004 erst im Entwurf vorliegt.

Exkurs: Einzelabschluss und Konzernabschluss

Grundsätzlich muss jedes Unternehmen einen Einzelabschluss erstellen. Das bedeutet auch, dass in einem Konzern das Mutterunternehmen einen handelsrechtlichen *Einzelabschluss* nach §§ 238 bis 288 HGB erstellen muss. In der Bilanz werden dann unter den Finanzanlagen die Anteile an verbundenen Unternehmen ausgewiesen. Zudem ist ein *Konzernabschluss* nach §§ 290 bis 314 HGB zu erstellen. Hier muss das Mutterunternehmen samt seiner Tochterunternehmen wie ein einheitliches Unternehmen dargestellt werden, d.h. es müssen Konsolidierungen vorgenommen werden, z.B. werden die Anteile an den verbundenen Unternehmen mit dem Eigenkapital der Tochterunternehmen verrechnet (Kapitalkonsolidierung) oder Verbindlichkeiten, Forderungen und Zwischengewinne werden im Konzernverbund eliminiert.

2.1 Rechtliche Rahmenbedingungen

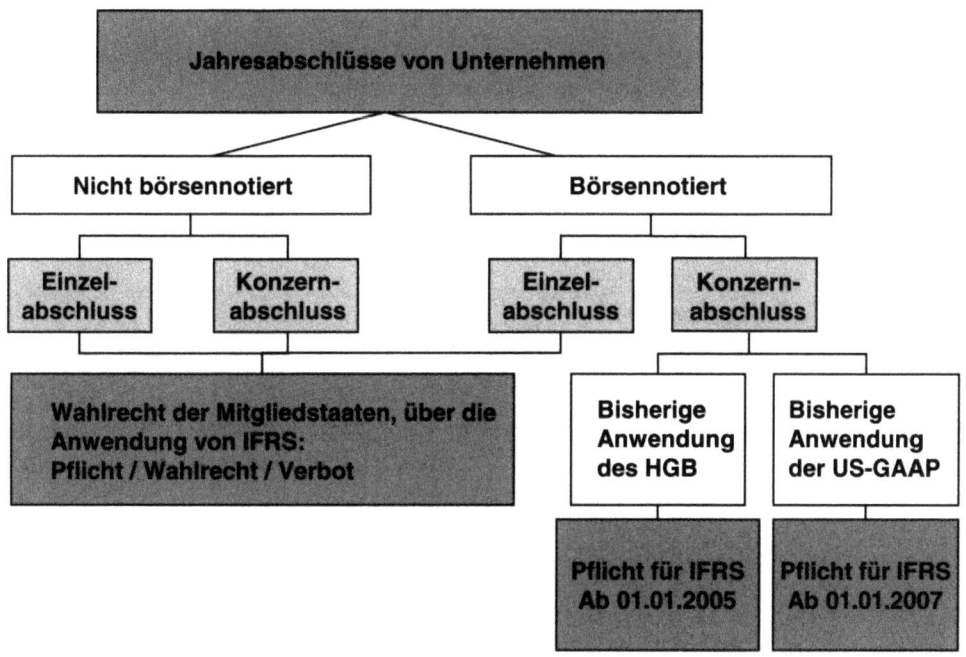

Abbildung 2.1-1: EU-Verordnung zur internationalen Rechnungslegung vom 27. Mai.2002

Freiwillige Anwendung der IFRS

Die EU-Verordnung zur internationalen Rechnungslegung hat geklärt, welche Unternehmen IFRS anwenden müssen und ab welchem Zeitpunkt die Umstellung spätestens erfolgen muss. Ein Unternehmen kann natürlich aber auch freiwillig einen IFRS-Abschluss erstellen. Zwar fallen dann zusätzliche Kosten für die Umstellung an, aber es kann Sinn machen, diese Anstrengung auf sich zu nehmen, damit der Jahresabschluss für die am Unternehmen Interessierten international verständlich wird.

Freiwillige Anwen-dung der IFRS um als Unternehmen international vergleichbar zu sein.

Die freiwillige Anwendung der IFRS kann auf vielfältige Weise erfolgen, z.B. durch eine parallele Rechnungslegung sowohl nach HGB als auch nach IFRS. Ebenso trifft man in der Praxis Überleitungsrechnungen von einem HGB-Abschluss nach IFRS und umgekehrt.

Zusammenfassung

Die EU-Verordnung zur internationalen Rechnungslegung vom 27. Mai 2002 besagt, dass börsennotierte Unternehmen ihren Konzernabschluss ab 01.01.2005 nach den Vorschriften der IFRS zu erstellen haben. Wird bereits nach US-GAAP bilanziert, dann erlaubt eine Übergangsfrist die verspätete Einführung zum 01.01.2007.

Von dieser Regelung sind nicht-börsennotierte Unternehmen nicht betroffen. Ebenso gilt auf Einzelabschlussebene für alle Unternehmen in Deutschland weiterhin das Recht des HGB.

Für die freiwillige Einführung von IFRS gibt es eine Reihe von Möglichkeiten, die jedoch zumeist eine parallele Rechnungslegung nach HGB und IFRS erforderlich machen.

Aufgaben

- Ab wann muss ein börsennotiertes Unternehmen seinen Konzernabschluss nach IFRS vorlegen?
- Ein Unternehmen überlegt sich, IFRS einzuführen. Ab wann darf es IFRS einführen? Muss das Unternehmen dann trotzdem noch einen HGB-Abschluss vorlegen?

2.2 Auswirkungen der Umstellung von HGB auf IFRS

Lernziel: Im folgenden Abschnitt lernen Sie die Auswirkungen der Umstellung von HGB aus IFRS kennen. Sie werden die Auswirkungen der Umstellung nachvollziehen und benennen können.

Einstieg ins Thema

Die Umstellung der Rechnungslegung auf die Internationale Rechnungslegung bedeutet erhebliche zusätzliche Kosten, vor allem im ersten Jahr der Anwendung. Mitarbeiter müssen geschult werden, evtl. wird externe Beratung notwendig und vielleicht muss auch ein neues Softwareprogramm gekauft werden. Doch das sind nicht die einzigen Auswirkungen der Umstellung. Die Regeln für die Aufstellung des Jahresabschlusses nach den International Financial Reporting Standards (IFRS) folgen Grundsätzen, die sich zum Teil stark von denen des deutschen Handelsrechts unterscheiden und daher zu einer anderen Darstellung der Finanz- und Ertragslage eines Unternehmens führen. Einige dieser Effekte sollen hier beispielhaft dargestellt werden.

Vertiefende Informationen

Den IFRS eilt der Ruf voraus, die wirtschaftliche Situation eines Unternehmens besser und in der Regel auch positiver darzustellen.

2.2 Auswirkungen der Umstellung

Gemäß den ersten Erkenntnissen aus Feldstudien des Deutschen Standardisierungsrates (DSR) kann die Veränderung des Eigenkapitals bei der erstmaligen Anwendung der IFRS aufgrund unterschiedlicher Bewertungen erhebliche Größenordnungen annehmen (siehe unten).

Bilanzposten	Veränderung
Aktivierung von Entwicklungskosten	+ 7 %
Aktivierung von Firmenwerten	+ 5 %
Erhöhung von Anlagevermögen aufgrund geänderter Abschreibungsmethoden	+ 18 %
Aktivierung latenter Steuern aus Verlustvorträgen	+ 14 %
Erhöhung von Pensionsverpflichtungen	- 9 %
Umgliederung der Anteile anderer Gesellschafter	- 9 %
Sonstige Effekte	+ 8 %
Gesamtveränderung des Eigenkapitals	**+ 34 %**

Abbildung 2.2-1: Veränderung des Eigenkapitals im ersten Jahr der Anwendung der IFRS

Die unterschiedlichen Bewertungsvorschriften des HGB und der IFRS führen bei der Umstellung auf IFRS zu erheblichen Auswirkungen auf die Höhe einzelner Bilanzpositionen.

Auswirkungen der Umstellung bei bestimmten Bilanzpositionen:

(Aufzählung nicht abschliessend)

Wichtige Unterschiede zwischen HGB und IFRS	Erläuterung	Auswirkung der Umstellung auf IFRS
Aktivierung von selbst erstelltem immateriellen Vermögen	Nach HGB gilt für selbst geschaffene immaterielle Vermögensgegenstände ein Aktivierungsverbot; nach IFRS gilt bei bestimmten Voraussetzungen ein Aktivierungsgebot	**Höherer Ansatz des immateriellen Vermögens;** höherer Eigenkapitalausweis

Wichtige Unterschiede zwischen HGB und IFRS	Erläuterung	Auswirkung der Umstellung auf IFRS
Änderung der Abschreibungsmethode beim Sachanlagevermögen	HGB: Wechsel der Abschreibungsmethode von degressiv auf linear möglich; bei IFRS hat die Abschreibungsmethode der erwarteten wirtschaftlichen Nutzung zu entsprechen. In der Praxis wird bei der Umstellung auf IFRS meist komplett auf die lineare Abschreibung umgestellt, da diese Methode international anerkannt ist.	**Erhöhung von Anlagevermögen** durch die rückwirkende Anwendung der linearen Abschreibung auf den gesamten Abschreibungszeitraum.
Ansatz und Bewertung von Finanzanlagen/ Wertpapieren des Umlaufvermögens	Bei Finanzanlagen und Wertpapieren des Umlaufvermögens gilt nach HGB das Niederstwertprinzip; nach IFRS gilt die Bewertung zum Zeitwert (Fair Value).	**Höherer Bestand an Finanzanlagen und Wertpapieren**
Bewertung der Vorräte nach Vollkostenprinzip	Von der Teilkostenbewertung bis hin zur Vollkostenbewertung reichen nach HGB die Wahlrechte zur Bewertung des Vorratsvermögens. Nach IFRS gilt die Vollkostenbewertung	**Höherer Bestand an Vorräten**; höheres Umlaufvermögen
Zwischengewinnrealisierung bei langfristigen Fertigungsaufträgen	Nach HGB darf der Gewinn erst ausgewiesen werden, wenn der Auftrag fertiggestellt wurde (Completed-Contract Methode); nach IFRS sind Umsätze und Aufwendungen entsprechend dem Grad der Fertigstellung erfolgswirksam zu erfassen (Percentage-of-Completion Methode).	In der Regel **höherer Gewinnausweis** durch Zwischengewinn aus langfristigen Fertigungsaufträgen.
Rückstellungen für Pensionen	Laut HGB müssen bei der Rückstellung für Pensionen die zukünftigen Lohn- und Gehaltssteigerungen nicht berücksichtigt werden; nach IFRS müssen diese berücksichtigt werden	**Höheres Pensionsrückstellungsvolumen**; geringeres Ergebnis
Bildung von Rückstellungen	Das HGB bietet einen großen Ermessenspielraum für die Bildung von Rückstellungen; nach IFRS gibt es nur eingeschränkte Möglichkeiten zur Bildung von Rückstellungen, zudem sind Aufwandsrückstellungen nach IFRS nicht zulässig.	**Geringere Höhe der Rückstellungen**; höheres Ergebnis

Abbildung 2.2-2: Auswirkungen der Umstellung auf die IFRS auf bestimmte Bilanzpositionen

2.2 Auswirkungen der Umstellung

Somit werden die IFRS ihrem Ruf gerecht, die wirtschaftliche Situation eines Unternehmens tendenziell positiver als nach HGB darzustellen.

Zusammenfassung

Die wichtigsten Effekte der Umstellung auf IFRS sind:
- Höherer Eigenkapitalausweis
- Besseres Ergebnis
- Bessere Information für externe Interessierte aufgrund einer möglichst realistischen Darstellung der Unternehmenssituation

Aufgaben
- Nennen Sie mindestens drei mögliche Auswirkungen der Umstellung von HGB aus IFRS auf einzelne Bilanzpositionen.

3. Aufbau des IFRS-Regelwerkes

Lernziel: Im folgenden Abschnitt lernen Sie den Aufbau des IFRS-Regelwerkes kennen. Die werden die Inhalte der unterschiedlichen Bestandteile des IFRS-Regelwerkes beschreiben können.

Einstieg ins Thema

Die International Financial Reporting Standards (IFRS) sind eine Sammlung von Standards und Interpretationen, die von einem unabhängigen privaten Gremium, dem International Accounting Standards Board (IASB), entwickelt wurden und immer noch werden. In diesen Standards und Interpretationen werden Regeln zur externen finanziellen Berichterstattung der Unternehmen aufgestellt. Die International Financial Reporting Standards umfassen als Oberbegriff die vier Bestandteile:

- Vorwort
- Rahmenkonzept
- Einzelstandards
    - die International Financial Reporting Standards (IFRS)
    - die International Accounting Standards (IAS)
- Interpretationen
    - die Interpretationen des International Financial Reporting Interpretations Committee (IFRIC)
    - die Interpretationen des Standing Interpretations Committee (SIC)

Vertiefende Informationen

Wie schon im House of IFRS gezeigt (siehe Kapitel 1.2 Systeme der internationalen Rechnungslegung) haben die einzelnen Vorschriften der IFRS einen unterschiedlichen Stellenwert, was die Anwendung für einen konkreten Praxisfall betrifft. Das Rahmenkonzept enthält die Grundlagen der Rechnungslegung wie z.B. allgemeine Bewertungsmaßstäbe. In den einzelnen Standards werden dann in manchen Fällen allerdings abweichende Bewertungsansätze vorgeschrieben. Im Zweifelsfall haben dann die Standards immer eine höhere Priorität als das Rahmenkonzept. Es gilt dann: Standard vor Rahmenkonzept.

Klare Hierarchie der unterschiedlichen Bestandteile des IFRS-Regelwerkes

Gibt es bei der Anwendung eines Standards Unklarheiten oder Anwendungsfälle in der Praxis, die der Standard nicht umfasst, so gibt es

Interpretationen zum Standard (SIC bzw. IFRIC). Diese geben dann Gewissheit für die Anwendung und Auslegung des Standards. Jetzt gilt: Interpretation vor Standard.

Grundsätzlich können die Bestandteile der IFRS in erläuternde Ausführungen und in zwingende Vorschriften unterteilt werden.

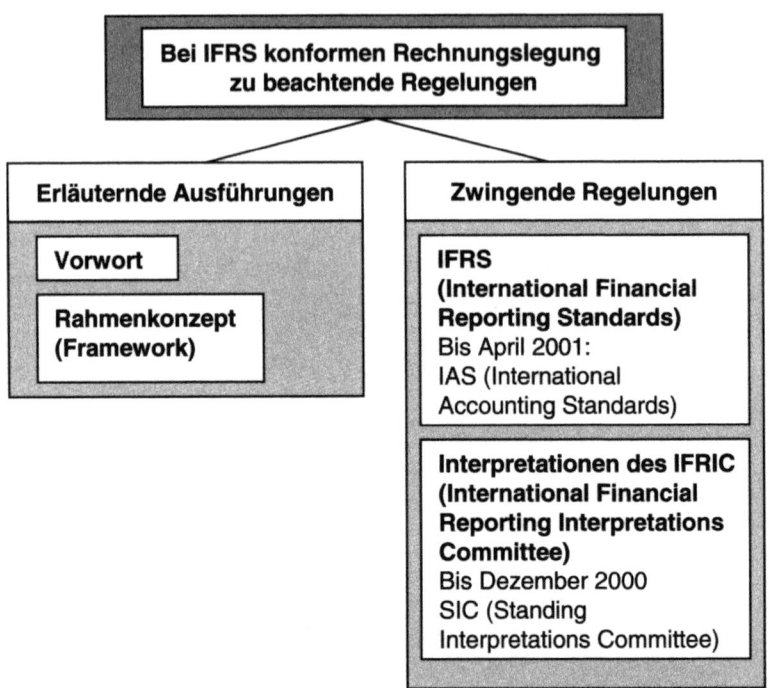

Abbildung 3-1: Bestandteile des IFRS-Rechnungslegungssystem

Nur wenn Standards und Interpretationen einen Sachverhalt nicht abschließend klären können, sind zur Lösung das Rahmenkonzept und danach das Vorwort heranzuziehen.

> **Für den Vorrang bei der Anwendung in der Praxis gilt:**
> Interpretationen vor Standards
> Standards vor Rahmenkonzept
> Rahmenkonzept vor Vorwort.

Inhalte der Bestandteile des IFRS-Regelwerkes

Vorwort (Preface)

Das Vorwort zu den IFRS befasst sich mit grundsätzlichen Fragestellungen. Hierzu zählen die Aufgaben des IASB, der Gegenstand der IFRS und deren Verhältnis zu nationalen Rechnungslegungsvorschriften.

Rahmenkonzept (Framework)

Das Rahmenkonzept enthält vor allem grundsätzliche Annahmen, Anforderungen und Definitionen. Es dient auch als Leitlinie für die Erstellung neuer Standards und als Hilfestellung für die Behandlung von bisher nicht durch Standards geregelter Sachverhalte. Das Rahmenkonzept hat jedoch nicht den Verbindlichkeitsgrad eines Standards.

Rahmenkonzept: Grundlagen der Rechnungslegung nach IFRS

Konkrete Inhalte des Rahmenkonzeptes sind:

- Zielsetzung von Jahresabschlüssen
- Qualitative Merkmale der Rechnungslegung
- Definition, Ansatz und Bewertung von Posten
- Kapital und Kapitalerhaltungskonzept

Einzelstandards

Bis April 2001 hiessen die Standards IAS (International Accounting Standards). Die vom IASB neu herausgegebenen Standards tragen die Bezeichnung IFRS (International Financial Reporting Standards).

Einzelstandards IFRS:
IAS 1 ff. und IFRS 1 ff.

Die einzelnen Standards haben in der Regel folgenden einheitlichen Aufbau:

- **Einführung** mit folgenden Inhalten:
  - Hinweise zur Zielsetzung des Standards
  - Zusammenfassende Darstellung wichtiger Definitionen bzw. Grundlagenerläuterungen
  - Querverweise auf andere Standards und relevanten SIC- bzw. IFRIC-Interpretationen
  - Hintergrundinformationen und Hinweise zur Entwicklung des Standards
  - Bei überarbeiteten Standards: Aussagen über die Gründe der Überarbeitung
- **Inhaltsverzeichnis** über die Inhalte des Standards
- **Zielsetzung**, zeigt die Intension des Standards
- **Anwendungsbereich**, gibt an, für welche Unternehmen oder Branchen dieser Standard gilt bzw. nicht gilt

- **Definitionen**, erläutert zentrale Begriffe, die im Zusammenhang mit dem Standard stehen
- **Bilanzierungs und Bewertungsregeln**, hier werden die Kernaussagen des Standards getroffen
- **Angabepflichten**, Hinweise, welche zusätzlichen Angaben gegebenenfalls im Rahmen des Jahresabschlusses im Anhang darzustellen sind
- **Übergangsvorschriften,**
- **Zeitpunkt des Inkrafttretens** und
- **Anhang** mit erläuternden Beispielen zur Anwendung des Standards

Jeder Standard enthält *fett-/kurisivgedruckte Absätze*. Diese stellen die verbindlichen Vorschriften des Standards dar. Die normal gedruckten Absätze beinhalten Erläuterungen und Anwendungsleitlinien.

Einbindung der Öffentlichkeit bei der Erarbeitung eines neuen Standards

Das förmliche Verfahren zur Verabschiedung einer neuen IFRS („due process") dauert mehrere Jahre. Es werden nach und nach verschiedene Entwürfe veröffentlicht, zu denen Interessierte, wie z.B. Berufsverbände oder Fachleute, Kommentare abgeben können. Diese Kommentare werden von den Arbeitsgruppen des IASB bei der weiteren Standarderstellung berücksichtigt.

> Eine Übersicht über die IFRS in numerischer Reihenfolge finden Sie im Anhang.

Interpretationen: IFRIC und SIC

Interpretationen betreffen stets einen konkreten Einzelstandard

Interpretationen gelten als Leitlinie für die Auslegung eines Standards, für den Fall, dass ein Sachverhalt im Standard nicht klar geregelt ist oder einen konkreten Einzelfall offen läßt. Die Interpretationen beziehen sich stets auf einen konkreten einzelnen Standard. Die Interpretationen wurden bis Dezember 2000 als SIC nach dem Gremium Standing Interpretations Committee benannt, das die Interpretationen ausgearbeitet hat. Die Interpretationen werden nun vom International Financial Reporting Interpretations Committee erarbeitet und werden dementsprechend mit IFRIC abgekürzt. Zu den „alten" IAS-Standards gibt es SIC 1 bis 33, einzelne IFRIC gibt es bis April 2004 erst im Entwurfsstadium.

Fachliche Systematik der Standards

Da weder die Standards (IAS und IFRS) noch die Interpretationen (SIC bzw. IFRIC) in ihrer numerischen Reihenfolge einer fachlichen Logik folgen, wird im Folgenden versucht, die Standards nach ihrer fachlichen Systematik zu gruppieren. Hierbei bieten sich die einzelnen Bestandteile eines Jahresabschlusses nach IFRS als Orientierung an. Die konkreten Bestandteile des IFRS Jahresabschlusses sind in IAS 1 geregelt.

Bestandteile eines IFRS Jahresabschlusses (Financial Statement) sind:	
1. Bilanz	Balance Sheet
2. Gewinn- und Verlustrechnung	Income Statement
3. Eigenkapitalveränderungsrechnung	Statement of Changes in Equity
4. Kapitalflussrechnung	Cash flow Statement
5. Bilanzierungs- und Bewertungsmethoden und erläuternder Anhang	Accounting Policies and explanatory notes
Börsennotierte Unternehmen müssen zusätzlich eine	
- Segmentberichterstattung und	Segment Reporting
- das Ergebnis je Aktie angeben.	Earnings per Share
Die Aufstellung eines **Lageberichts** wird nach den IFRS nicht verlangt, aber empfohlen.	

Abbildung 3-2: Bestandteile eines IFRS-Jahresabschlusses

In folgender Übersicht werden die Inhalte des IFRS-Regelwerkes fachlich nach ihrer Bedeutung für den IFRS-Jahresabschluss gegliedert. Spezialregelungen für verbundene Unternehmen, berstimmte Branchen und sonstige Spezialfälle ergänzen die Aufstellung.

Anmerkung: Natürlich berühren im Rahmen der doppelten Buchführung viele die Bilanz betreffenden Buchungen auch die Gewinn- und Verlustrechnung

	IAS / IFRS	SIC / IFRIC
Jahresabschluss allgemein	IFRS 1 Erstmalige Anwendung der IFRS	ersetzt SIC 8 Erstmalige Anwendung der IAS
	IAS 1 Jahresabschluss allgemein	SIC 18 Stetigkeit bei alternativen Verfahren SIC 29 Offenlegung – Vereinbarungen über Dienstleistungskonzessionen
Bilanz	IAS 2 Vorräte	SIC 1 Stetigkeit
Bilanz	IAS 11 Fertigungsaufträge	

	IAS / IFRS	SIC / IFRIC
Bilanz	IAS 16 Sachanlagen	SIC 14 Sachanlagen – Entschädigung für die Wertminderung oder den Verlust von Gegenständen
		SIC 18 Stetigkeit bei alternativen Verfahren
		SIC 23 Sachanlagen – Wartungs- oder Reparaturkosten
Bilanz	IAS 17 Leasing	SIC 15 Operating Leasing
		SIC 27 Bewertung des Inhalts von Vorgängen in der rechtlichen Form von Leasing
Bilanz	IAS 20 Zuwendungen der öffentlichen Hand	SIC 10 Beihilfen der öffentlichen Hand
Bilanz	IAS 32 Finanzinstrumente (Angaben + Darstellung)	SIC 5 Klassifizierung von Finanzinstrumenten
		SIC 16 Gezeichnetes Kapital – eigene Anteile
		SIC 17 Kosten einer Eigenkapitaltransaktion
Bilanz	IAS 37 Rückstellungen	
Bilanz	IAS 38 Immaterielle Vermögenswerte	SIC 6 Kosten der Anpassung vorhandener Software
		SIC 32 Kosten von Internetauftritten
Bilanz	IAS 39 Finanzinstrumente (Ansatz und Bewertung)	
Bilanz	IAS 40 Anlage-Liegenschaften	
GuV	IAS 8 Periodenergebnis	
GuV	IAS 10 Erfolgsunsicherheiten	
GuV	IAS 12 Ertragssteuern	SIC 21 Wertaufholung bei neubewertetem nicht-abnutzbarem Anlagevermögen
		SIC 25 Wechsel des Steuerstatus des Unternehmens oder Aktionärs
GuV	IAS 18 Erträge	SIC 31 Erträge – Tauschvorgänge bei Werbedienstleistungen
GuV	IAS 19 Leistungen an Arbeitnehmer	
GuV	IFRS 2 Aktienorientierte Entlohnungssysteme	
GuV	IAS 21 Wechselkursänderungen	SIC 7 Einführung des Euro
		SIC 11 Fremdwährung - Aktivierung von Verlusten aus erheblichen Währungsabwertungen
		SIC 19 Berichtswährung - Bewertung und Darstellung von Abschlüssen unter IAS 21 und 29
		SIC 30 Berichtswährung - Umrechnung von Fremdwährung in Eigenwährung

	IAS / IFRS	SIC / IFRIC
GuV	IAS 23 Fremdkapitalkosten	SIC 2 Stetigkeit
GuV	IAS 36 Wertminderung	
Weitere Teile des Jahresabschlusses	IAS 7 Kapitalflussrechnung	
	IAS 14 Segmentberichterstattung	
	IAS 24 Nahestehende Unternehmen und Personen	
	IAS 26 Altersversorgungspläne	
	IAS 33 Ergebnis je Aktie	SIC 24 Gewinn pro Aktie – Finanzinstrumente, die in Aktien umwandelbar sind
Verbundene Unternehmen	IAS 22 Unternehmens-zusammenschlüsse	SIC 9 Klassifizierung von Unternehmenszusammenschlüssen
		SIC 22 Unternehmenszusammen-schlüsse – Nachträgliche Anpassung von Fair Values und Firmenwerten
		SIC 28 Unternehmenszusammen-schlüsse – Erwerbsdatum und Fair Value von Eigenkapitalinstrumenten
Verbundene Unternehmen	IAS 27 Konzernabschlüsse	SIC 12 Konsolidierung – Zweckgesell-schaften
		SIC 20 Erfassung von Verlusten bei der Equity Methode
		SIC 33 Konsolidierung und Equity Methode – Mögliche Stimmrechte und Zuteilung von Eigentümerinteressen
Verbundene Unternehmen	IAS 28 Assoziierte Unternehmen	SIC 3 Eliminierung von nicht realisierten Gewinnen und Verlusten aus Transaktionen mit assoziierten Unternehmen
Verbundene Unternehmen	IAS 31 Joint Ventures	SIC 13 Gemeinschaftlich geführte Einheiten – Nicht monetäre Einlagen durch Partnerunternehmen
Branchenregelung	IAS 30 Kreditinstitute	
	IAS 41 Landwirtschaft	
Sonstige Spezialfälle	IAS 29 Hochinflationsländer	SIC 19 Berichtswährung
	IAS 34 Zwischenberichterstattung	
	IAS 35 Einstellung von Bereichen	

Abbildung 3-3: Übersicht über die Einzelstandards nach ihrer Geltung für die Bestandteile des IFRS Jahresabschlusses

Zusammenfassung

Die IFRS stellen ein überschaubares Regelwerk mit einem klaren hierarchischen Aufbau dar, was die Reihenfolge der einzelnen Bestandteile bei der Auslegung für den Praxisfall betrifft. Es gilt:

Interpretationen vor Standards vor Rahmenkonzept vor Vorwort.

Die einzelnen Standards sind durchnumeriert und nicht fachlich logisch geordnet.

Aufgaben

- In welcher Reihenfolge gilt die Anwendung der einzelnen Bestandteile des IFRS-Regelwerkes?
- Welche Bestandteile sind für einen Jahresabschluss nach IFRS vorgeschrieben bzw. empfohlen?

4. Grundsätze der Rechnungslegung nach HGB und IFRS

Lernziel: Im folgenden Kapitel lernen Sie die Grundsätze der Rechnungslegung nach dem HGB und nach IFRS kennen. Sie werden Gemeinsamkeiten und grundlegende Unterschiede erläutern können.

Einstieg ins Thema

Beide Rechnungslegungssysteme, HGB und IFRS, unterscheiden sich in ihren Grundsätzen der Rechnungslegung. Die Unterschiede in der Bilanzierung einzelner Posten lassen sich leichter nachvollziehen, wenn man zuerst die grundlegenden Prinzipien und Denkrichtungen dieser beiden Rechnungslegungssysteme kennen lernt und versteht. Dabei haben die Unterschiede in Grundannahmen, Bewertungsregeln etc. zumeist ihren Ausgang in den unterschiedlichen Rechnungslegungszielen der Systeme.

Vertiefende Informationen

Im Folgenden wird eingegangen auf:

- Grundlegende Unterschiede zwischen HGB und IFRS
- Zentrale Prinzipien der Rechnungslegung
- Spezialfall: Vorsichtsprinzip
- Bilanzierung dem Grunde nach: Vermögenswerte und Schulden
- Bilanzierung der Höhe nach: Bewertungsmaßstäbe
- Wahlrechte – Benchmark-Methode und alternativ-zulässige Methode
- Ausblick: Annäherung zwischen HGB und IFRS

Grundlegende Unterschiede zwischen HGB und IFRS

1. **Rechtssystem**

    Im HGB sind die Regelungen kurz gehalten und sollen für eine Vielzahl von Sachverhalten gelten. Die Vorschriften des **HGB** sollen ***allgemeingültig*** sein. Ein Gesetz wie das HGB wird „***Code Law***" genannt, dem vorherrschenden Rechtssystem in Kontinentaleuropa. Der Vorteil des Code Law ist, dass aufgrund seiner allgemeingültigen Regelungen, die auf eine Vielzahl von Fällen an-

    HGB: Allgemein gültige Regelungen, Code Law

gewendet werden können, nur kurze Formulierungen notwendig sind. Daraus ergibt sich jedoch der Nachteil, dass diese Regelungen wegen ihres allgemeingültigen Charakters für den Einzelfall oft auslegungsbedürftig sind.

<small>IFRS:
Einzelfallbezogene Regelungen,
Case Law</small>

Die Regelungen der **IFRS** sind *einzelfallbezogen*. Sie basieren auf dem angelsächsichem Prinzip des sog. „*Case Law*", d.h. einzelne Vorschriften resultieren z.B. aus Rechtsurteilen zu Spezialfällen. Dies führt zu einem detaillierten Regelwerk, das für fast jedes Problem in der Praxis eine Lösung bietet. Der Vorteil des Case Law liegt in der genauen Regelung einzelner Sachverhalte, nachteilig ist der daraus resultierende große Umfang eines Regelwerkes mit zwangsläufig auftretenden Wiederholungen.

> Das **HGB** ist ein Vertreter des **Code Law** (Generalregelungen)
> Die **IFRS** basieren auf dem **Case Law** (Spezialregelungen)

2. Rechnungslegungsziele

Auch unterscheiden sich HGB und IFRS in ihrem vorrangigen Rechnungslegungsziel.

Die handelsrechtliche Rechnungslegung des **HGB** dient unter anderem

<small>HGB:
Gewinnermittlung</small>

- der Ermittlung des ausschüttungsfähigen Gewinns,
- der Ermittlung der Steuern,
- der Information von Gläubigern und Selbstinformation des Managements sowie
- der Rechenschaftslegung des Managements gegenüber den Aktionären und Gesellschaftern.

<small>HGB:
Gläubigerschutz erreicht durch Vorsichtsprinzip</small>

Unter diesen Zielen ist das Ziel der *Gewinnermittlung* das vorrangige Rechnungslegungsziel. Dieses Ziel ist in starkem Zusammenhang mit dem vom HGB angestrebten *Gläubigerschutz* zu sehen. Je höher der ermittelte Gewinn ist, desto mehr Gewinn kann bei Kapitalgesellschaften an die Aktionäre ausgeschüttet werden. Dadurch sinkt aber für den Gläubiger im Insolvenzfall die Haftungsmasse. Um also den vom HGB gewollten Gläubigerschutz zu erreichen, muss der Gewinn möglichst vorsichtig ermittelt werden. Der Kaufmann soll sich „eher zu arm als zu reich rechnen". Gläubigerschutz im HGB wird also durch die Anwendung des Vorsichtsprinzips bei der Gewinnermittlung des Unternehmens erreicht.

> Das vorrangige Rechnungslegungsziel des **HGB** ist die **Ermittlung des Gewinns unter besonderer Berücksichtigung des Gläubigerschutzes**. Es gilt der Grundsatz der Vorsicht.

2.2 Auswirkungen der Umstellung

Anders das vorrangige Rechnungslegungsziel der **IFRS**. Hier geht es um die ***Vermittlung entscheidungsrelevanter Informationen***. In erster Linie ist hier die Bereitstellung von Informationen für Investoren (Anleger) gemeint. Investoren kaufen die Aktien eines Unternehmens, wenn die Rendite über denen vergleichbarer Anlageformen liegt. Der Anleger benötigt Informationen über die aktuelle und zukünftige Erfolgs- und Vermögenslage eines Unternehmens. Hierzu ist eine realistische Darstellung der wirtschaftlichen Lage eines Unternehmens für die Investitionsentscheidung eines Anlegers notwendig. Der **Anlegerschutz** (Investorenschutz) steht damit im Vordergrund des Rechnungslegungssystems der IFRS

IFRS: Vermittlung entscheidungsrelevanter Informationen

Anlegerschutz erreicht durch realistische Darstellung der wirtschaftlichen Lage

> **IFRS: Anlegerschutz** durch die **Vermittlung entscheidungsrelevanter Informationen** und einer realistischen Darstellung der wirtschaftlichen Lage eines Unternehmens.

3. **Verhältnis Handelsbilanz zu Steuerbilanz**

   HGB: Es gilt das ***Maßgeblichkeitsprinzip***. Die Handelsbilanz ist maßgeblich für die Steuerbilanz. Das bedeutet, dass die handelsrechtlichen Wertansätze in die Steuerbilanz übernommen werden müssen, wenn sie im Rahmen der steuerlichen Bewertungsvorschriften liegen. Es gilt auch die umgekehrte Maßgeblichkeit: Will ein Unternehmen in der Steuerbilanz Wahlrechte nutzen, müssen diese bereits in der Handelsbilanz ausgeübt worden sein.

   IFRS: Es gilt die ***strikte Trennung von Handels- und Steuerbilanz***. Ein IFRS-Abschluss hat keinen Einfluss auf die Steuerbilanz.

Zentrale Prinzipien der Rechnungslegung

Die ***grundlegenden Annahmen*** (Underlying Assumptions) der **IFRS** beinhalten zwei wesentliche Bilanzierungsprinzipien:

Grundlegende Annahmen der IFRS

- das ***Unternehmensfortführungsprinzip*** (Going Concern Principle), d.h. Bilanzierung und Bewertung haben grundsätzlich unter der Annahme der Unternehmensfortführung zu erfolgen
- der Grundsatz der ***Periodenabgrenzung*** (Accrual Basis), d.h. der Erfolg einer Periode wird nach wirtschaftlichen Aspekten ermittelt, als Differenz der Erträge und Aufwendungen der Periode.

Vergleich mit dem HGB:

Im Handelsrecht gilt ebenso das Unternehmensfortführungsprinzip und auch der Grundsatz der Periodenabgrenzung.

Weitere Anforderungen an die Rechnungslegung sind im Rahmenkonzept (Framework) der IFRS festgeschrieben:

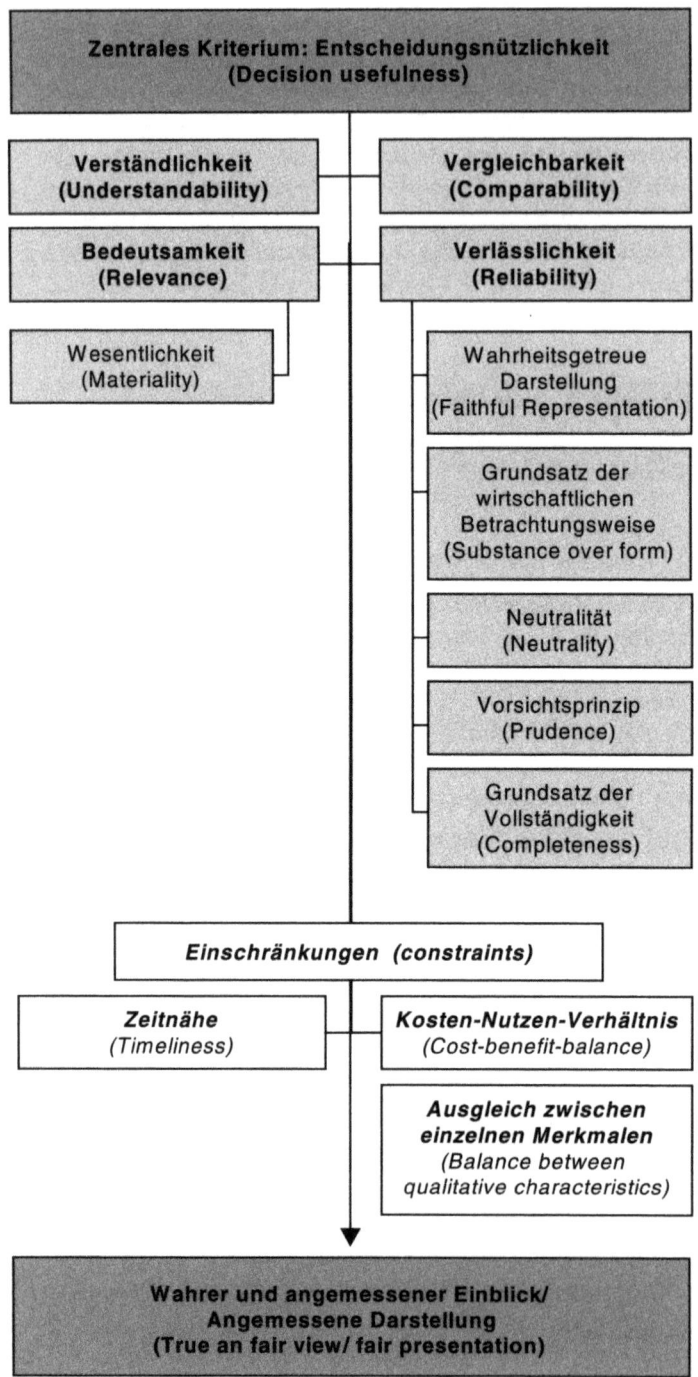

Abbildung 4-1: Grundprinzipien der IFRS

2.2 Auswirkungen der Umstellung

Die Vermittlung entscheidungsrelevanter Informationen ist das vorrangige Rechnungslegungsziel der IFRS. Daher ist auch das zentrale Kriterium dieses Rechnungslegungssystems die **Entscheidungsnützlichkeit *(Decision usefullness)***. Für das HGB ist die Entscheidungsnützlichkeit von Informationen ebenfalls wichtig, aber diese stellt nicht oberstes Prinzip einer Rechnungslegung nach HGB dar. Im Vordergrund einer Rechnungslegung nach HGB steht der Gläubigerschutz und damit die Anwendung des Vorsichtsprinzips bei der Gewinnermittlung nach HGB.

Die Rechnungslegungsprinzipien der IFRS bedeuten im einzelnen:	
Verständlichkeit	Der Jahresabschluss muss für sachverständige Dritte verständlich sein.
Vergleichbarkeit	Die Abschlüsse verschiedener Perioden müssen vergleichbar sein.
Bedeutsamkeit	Wesentliche Informationen sind nach Art bzw. Umfang bereitzustellen
Verläßlichkeit • Wahrheitsgetreue Darstellung • Grundsatz der wirtschaftlichen Betrachtungsweise • Neutralität • Vorsichtsprinzip • Grundsatz der Vollständigkeit	Informationen sind zuverlässig, wenn sie richtig und wahr dargestellt, im Rahmen einer wirtschaftlichen Betrachtungsweise (im Gegensatz zur rechtlichen Betrachtungsweise), neutral, objektiv, willkürfrei, maßvoll, vorsichtig und vollständig sind.

Abbildung 4-2: Erläuterung der Rechnungslegungsprinzipien nach IFRS

Der **Grundsatz der Wesentlichkeit *(materiality)***, ein Unterpunkt zu dem Prinzip der Bedeutsamkeit, hat einen hohen Stellenwert für die Rechnungslegung nach IFRS. So beginnt auch jeder IFRS mit dem Hinweis, dass diese „nicht auf unwesentliche Sachverhalte angewendet" werden muss. Eine Definition, was wesentlich ist und was nicht, sucht man jedoch im IFRS-Regelwerk vergebens. Anwendung findet dieser Grundsatz insbesondere auf die Angaben im Anhang (notes) zum IFRS-Abschluss. Dieser Grundsatz wird im Rahmen der IFRS besonders herausgestellt, er gilt aber auch grundsätzlich für den HGB-Abschluss.

Einschränkungen (contraints)

Nun sind die o.g. Rechnungslegungsprinzipien nicht immer 100% erfüllbar. Daher werden sie ergänzt um einschränkende Kriterien, die im IFRS-Regelwerk „constraint" (übersetzt Einschränkungen) genannt werden:

- *Zeitnähe*, d.h. rechtzeitige Bereitstellung der Informationen. Nach IFRS muss der Jahresabschluss nach spätestens sechs Monaten veröffentlicht werden. Wie nach HGB sind relevante, wertaufhellende Informationen bis zur Aufstellung des Jahresabschlusses zu berücksichtigen.
- *Kosten-Nutzen-Verhältnis*, d.h. es muss zwischen den Kosten und dem Nutzen von Informationen abgewogen werden. Wie im Handelsrecht muss der Bilanzersteller dieses Verhältnis im Einzelfall abschätzen.
- *Ausgleich zwischen einzelnen Merkmalen*, d.h. zwischen den einzelnen Rechnungslegungsprinzipien (Merkmalen der Rechnungslegung) ist ein angemessener Ausgleich anzustreben. Kein Rechnungslegungsprinzip darf ein anderes verdrängen.

Vergleich mit dem HGB:

Für die Bilanzierung nach HGB gelten die *Grundsätze der Bilanzwahrheit, der Bilanzklarheit und der Bilanzkontinuität*.

Der Grundsatz der **Bilanzwahrheit** beinhaltet, dass die Buchungen vollständig, zeitgerecht, geordnet und richtig aufgezeichnet werden müssen. Der Grundsatz der **Bilanzklarheit** fordert, dass der Jahresabschluss kalt und übersichtlich aufgesstellt werden muss. Und der Grundsatz der **Bilanzkontinuität** soll die Vergleichbarkeit der Jahresabschlüsse ermöglichen.

> Die Rechnungslegungsprinzipien der IFRS und des HGB stimmen im Wesentlichen inhaltlich überein.

Ergebnis der Rechnungslegung nach IFRS soll sein:

True and fair view / fair presentation

Werden die Rechnungslegungsprinzipien der IFRS eingehalten, dann soll sich ein wahrer und angemessener Einblick (true and fair view) bzw. eine angemessene Darstellung (fair presentation) der wirtschaftlichen Lage eines Unternehmens ergeben. Das bedeutet eine Darstellung der

- Vermögenslage (durch die Bilanz)
- Ertragslage (durch die Gewinn- und Verlustrechnung)
- Finanzlage (durch die Kapitalflussrechnung)

2.2 Auswirkungen der Umstellung

Der Grundsatz des true and fair view / fair presentation stellt damit eine Generalklausel der Rechnungslegung nach IFRS dar. Dieser Grundsatz ist insbesondere dann von Bedeutung, wenn ein Sachverhalt nicht ausreichend durch Standards und Interpretationen geregelt ist. Im Zweifelsfall ist die Information so darzustellen, dass eine angemessene Darstellung der wirtschaftlichen Lage des Unternehmens gewährleistet ist und damit die Anleger die benötigten entscheidungsrelevanten Informationen erhalten.

Im Zweifelsfall: Entscheidungsnützlichkeit von Informationen durch fair presentation

Auch das HGB strebt die Vermittlung eines den tatsächlichen Verhältnissen entsprechenden Bildes über die wirtschaftliche Lage eines Unternehmens an.

Spezialfall: Vorsichtsprinzip

Nach dem **HGB** gilt der ***Grundsatz der Vorsicht*** (§252 Abs. 1 Nr.4), der sich durch die gesamte Rechnungslegung zieht:
Vorsichtige Bewertung ist im Sinne des Gläubigerschutzes ausdrücklich vorgeschrieben. Die Positionen sollen eher pessimistisch dargestellt werden. Dieser Grundsatz der Vorsicht konkretisiert sich insbesondere in zwei wichtigen Regelungen:

- ***Realisationsprinzip***
  Es dürfen nur Gewinne ausgewiesen werden, die am Bilanzstichtag schon realisiert sind. So dürfen z.B. Aktien nicht zum Kurswert ausgewiesen werden, wenn dieser höher ist als zum Tag des Kaufes. Oder es dürfen Bestände nicht zum späteren Verkaufspreis ausgewiesen werden sondern lediglich zu Herstellungskosten.

- ***Imparitätsprinzip***
  Umgekehrt müssen nicht realisierte Verluste ausgewiesen werden. Ist also bei den Aktien der Kurswert gegenüber dem historischen Kurs gefallen, so muss der niedrigere Wert angesetzt werden. Forderungen müssen z.B. wertberichtigt werden, wenn abzusehen ist, dass sie nicht zu 100% bezahlt werden.

Der Grundsatz der Vorsicht gilt auch nach den **IFRS** („prudence"), als ein Merkmal der Verläßlichkeit von Informationen („reliability"). Der ***Grundsatz der Vorsicht*** hat im Rahmen der IFRS aber **nicht diesen zentralen Stellenwert**, wie im Rahmen des HGB.

Nach dem HGB werden Aufwände als Folge des Imparitätsprinzips eher im voraus berücksichtigt, Erträge aber erst dann, wenn sie wirklich sicher sind (Realisationsprinzip). Diese „Ungleichbehandlung" im Sinne des Vorsichtsprinzips des HGB gilt nicht für die IFRS. Nach den IFRS wird das Imparitätsprinzip eher selten angewendet, im Vordergrund steht bei Aufwänden und Erträgen vielmehr die periodengerechte Zuordnung.

4. Grundsätze der Rechnungslegung nach HGB und IFRS

Bilanzierung dem Grunde nach: Vermögenswerte und Schulden

Die Bilanzierung dem Grunde nach beinhaltet Fragen der Aktivierung und Passivierung von Bilanzpositionen. Es geht darum, welche Bilanzpositionen in der Bilanz auszuweisen sind.

Vermögenswerte:

asset (IFRS) umfasst mehr als der Begriff Vermögensgegenstand (HGB)

Der Begriff **asset** (Vermögenswert) der IFRS geht über den Begriff des **Vermögensgegenstandes** des HGB hinaus. Der Begriff asset beinhaltet anders als der Vermögensgegenstandsbegriff des HGB auch Rechnungsabgrenzungsposten und Bilanzierungshilfen.

> Der Begriff **asset** ist weiter gefasst als Vermögensgegenstand (HGB)

Schulden:

liability (IFRS) umfasst weniger als der Begriff Schulden (HGB)

Das HGB versteht unter dem Begriff der passivierungsfähigen **Schulden** Verbindlichkeiten und Rückstellungen. Der Begriff **liability** (Schulden) der IFRS ist enger zu sehen. Vereinfacht gesagt verstehen die IFRS unter einer liability eine

- **Außenverpflichtung**, die voraussichtlich zu einem
- **Ressourcenabfluss** führen wird

Damit erfüllen die nach HGB zugelassenen Aufwandsrückstellungen (z.B. für unterlassene Instandhaltungen) nicht die Kriterien der IFRS.

Zudem muss eine liability nach IFRS

- zu einem **wahrscheinlichen** Mittelabfluss führen, der
- zuverlässig **messbar** bzw. zu bestimmen ist.

> Der Begriff **liability** der IFRS ist enger gefasst als der Schuldenbegriff des HGB. In der Regel wird die Höhe der Rückstellungen bei einem IFRS Abschluss dementsprechend in der Praxis geringer sein als bei einer Rechnungslegung nach HGB.

Bilanzierung der Höhe nach: Bewertungsmaßstäbe

Bei der Bilanzierung der Höhe nach, handelt es sich um Fragen der Bewertung. Es ist zu klären, mit welchem Betrag die einzelnen Vermögensgegenstände in der Bilanz anzusetzen sind.

Nach **HGB** sind die **Anschaffungs- und Herstellungskosten** immer die **Bewertungsobergrenze.**

Nach den **IFRS** sind neben den Anschaffungs- oder Herstellungskosten in gewissen Fällen **auch andere Bewertungsansätze** möglich. Einen Unterschied zum HGB stellt der nach IFRS unter bestimmten Voraussetzungen erlaubte *Fair Value* dar. Fair Value wird mit „beizulegender Zeitwert" übersetzt und bezeichnet den Betrag, zu dem ein Vermögenswert zwischen sachverständigen, vertragswilligen und unabhängigen Geschäftspartnern getauscht werden bzw. zu dem eine Schuld beglichen werden könnte.

Wahlrechte – Benchmark-Methode und alternativ-zulässige Methode

Um Jahresabschlüsse weitgehend vergleichbar zu machen, wird auf Wahlmöglichkeiten im Rahmen der IFRS weitgehend verzichtet. Trotzdem bieten die Standards für einzelne Geschäftsvorfälle häufig eine Wahl zwischen zwei Bilanzierungs- bzw. Bewertungsmethoden an. Dabei wird die vom IASC/IASB bevorzugte Methode als **Benchmark-Methode** (benchmark treatment) bezeichnet, um zu verdeutlichen, dass diese Methode für den Vergleich von Jahresabschlüssen besonders geeignet ist und deshalb vom Bilanzersteller vorrangig zu berücksichtigen sei..

Die weniger präferierte, aber auch zulässige Methode wird als **alternativ-zulässige Methode** (allowed alternative treatment) bezeichnet.

Ausblick: Annäherung zwischen HGB und IFRS

Es gibt eine Annäherung der deutschen Rechnungslegungsvorschriften an die internationalen Grundsätze. Hierzu werden vom Bundesministerium der Justiz **Deutsche Rechnungslegungs Standards (DRS)** veröffentlicht. Diese gelten als *Grundsätze ordnungsmäßiger Buchführung der Konzernrechnungslegung*. Erarbeitet werden diese Deutschen Rechnungslegungs Standards von einem Gremium aus Fachleuten, dem **Deutschen Standardisierungsrat (DSR)**, der unter dem Dach des Deutschen Rechnungslegungs Standards Committee (DRSC) angesiedelt ist. Auch zu den DRS gibt es bei Bedarf erläuternde Interpretationen, die mit der Abkürzung **RIC** bezeichnet werden, nach dem Gremium, das sie erarbeitet: Das Rechnungslegungs Interpretations Committee (RIC), das ebenfalls beim DRSC angesiedelt ist.

Zusammenfassung

Grundsätzlich ähneln sich die Grundsätze der Rechnungslegung nach HGB und IFRS. Unterschiede basieren auf deren unterschiedlichen Rechnungslegungszielen. Das HGB weist tendenziell das niedrigste Eigenkapital auf, da vorsichtig bewertet wird: Vermögen wird meist zu niedrig bewertet, Schulden werden tendenziell zu hoch bewertet. Dies dient dem Gläubigerschutz und einer vorsichtigen Gewinnermittlung.

Demgegenüber dienen die Vorschriften der IFRS dem Anlegerschutz und dies bedeutet: Abbildung des vollständigen und zeitnah bewerteten Vermögens in Sinne der Fair Presentation und dem True and

Fair View, d.h. der möglichst realistischen Darstellung der Unternehmenssituation.

	IFRS	HGB
Rechtssystem	case law Spezialregelungen	code law Allgemeingültigkeit
Vorrangiges Ziel der Rechnungslegung	Informationsvermittlung für den Anleger, um wirtschaftliche Entscheidungen treffen zu können "*decision usefulness*"	Gewinnermittlung
Elementarer Gedanke	true and fair view, fair presentation, sachgerechte Darstellung wirtschaftlicher Sachverhalte	„Der Kaufmann soll sich eher zu arm als zu reich rechnen."
Vorrangiges Prinzip	Anlegerschutz	Gläubigerschutz
Vorsichtsprinzip	Nachrangig	Vorrangig
Periodengerechte Erfolgsermittlung	Vorrangig	Nachrangig

Abbildung 4-3: Vergleich der Rechnungslegungsprinzipien nach IFRS und HGB

Aufgaben
- Welchen Stellenwert hat das Vorsichtsprinzip bei IFRS und HGB?
- Gilt das Maßgeblichkeitsprinzip des HGB auch für die IFRS?

5. Posten der externen Rechnungslegung

Das Rechnungswesen in den Unternehmen wird üblicherweise unterteilt in ein
- Externes Rechnungswesen und ein
- Internes Rechnungswesen.

Während das externe Rechnungswesen ausführlich und für die Unternehmen verbindlich in HGB und IFRS geregelt ist, unterliegt das interne Rechnungswesen keinen Vorschriften, ja man muss nicht einmal eines haben (was allerdings nicht ratsam ist, verzichtet man doch dann auf wichtige betriebswirtschaftliche Steuerungsinstrumente).

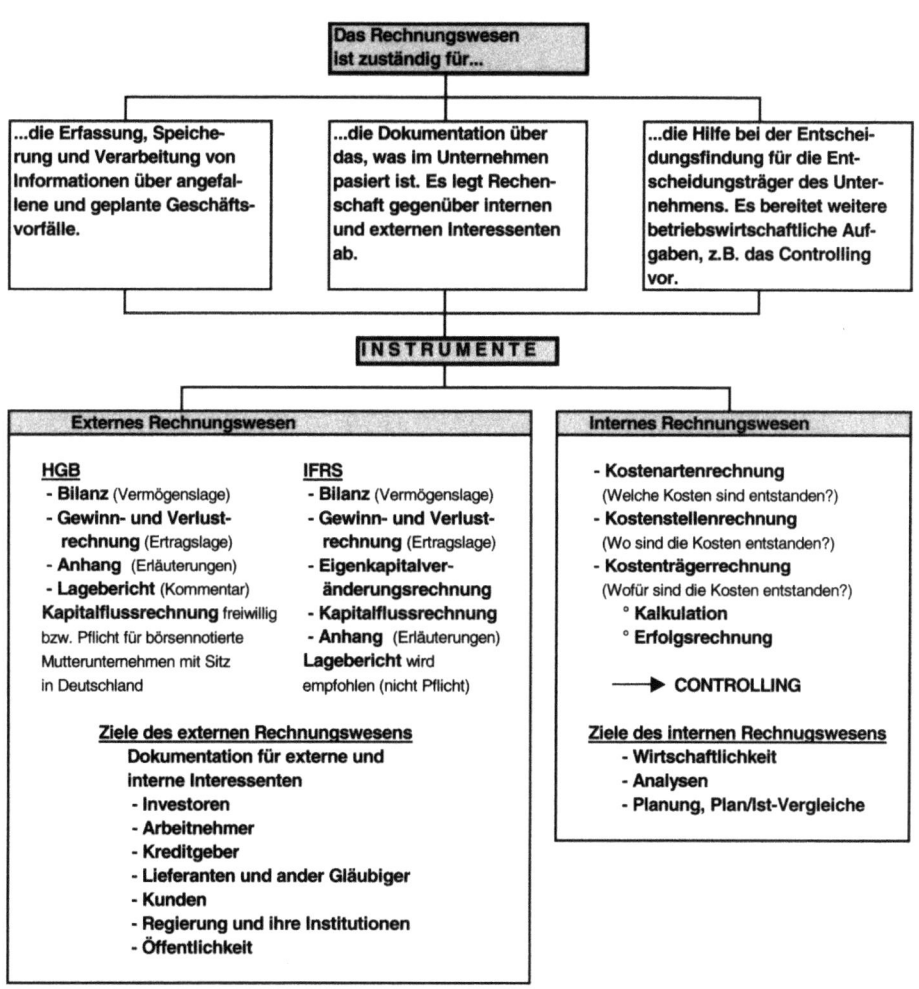

Abbildung 5-1: Übersicht externes/internes Rechnungswesen

Im Rahmen dieses Buches bewegen wir uns mit wenigen Ausnahmen (z.B. Herstellkostenermittlung von unfertigen und fertigen Erzeugnissen) im Bereich des externen Rechnungswesens.

In der Unternehmenspraxis ist das interne Rechnungswesen häufig ein eigener Abrechnungskreis. Es wird teilweise mit anderen Wertansätzen wie im externen Rechnungswesen gearbeitet. So gibt es z.B. im internen Abrechnungskreis andere Kosten (z.B. sog. kalkulatorische Kosten) oder zusätzliche Kosten (z.B. kalkulatorische Zinsen), die von den Kostenarten der Buchhaltung abweichen. Im internen Bereich wird z.B. ein anteiliger Gewinn entgegen HGB schon mal vor endgültiger Fertigstellung eines Auftrages ausgewiesen oder in ein Ergebnis gehen Zeitwerte mit ein (obwohl dies im externen Rechnungswesen nach HGB nicht zulässig ist).

Diese unterschiedlichen Ergebnisausweise sind häufig recht verwirrend und so **mehren sich in Fachkreisen die Stimmen, die eine Vereinheitlichung der unterschiedlichen Kreise externes und internes Rechnungswesen fordern**. Die IFRS sind ein Schritt in Richtung dieser Vereinheitlichung, da die Wertansätze eher einem „Fair Value", also dem realistischen Zeitwert entsprechen. Damit kommen die IFRS dem Bedürfnis des internen Rechnungswesens nach realistischer Interpretation des betrieblichen Zahlenwerkes entgegen.

5.1 Bilanz

Wie bei der deutschen Rechnungslegung steht auch bei der Internationalen Rechnungslegung die Bilanz im Mittelpunkt. Hier dokumentieren sich letztlich alle gesetzlichen Regelungen und die ausgenutzten Wahlrechte bzw. Bewertungsspielräume.

5.1 Bilanz

Bilanzgliederung nach IFRS

Assets	Balance Sheet	Liabilities and Equity

A. Non Current Assets
   I. Intagible Assets
   II. Property, Plant and Equipment
   III. Financial Assets
 	
B. Current Assets
   I. Inventories
   II. Trade and Other Receivables
   III. Securities
   IV. Prepaid Expenses
   V. Cash and Cash Equivalents
		A. Capital and Reserves
		   I. Issued Capital
		   II. Reserves
		
		B. Non Current Liabilities
		   I. Interest bearing borrowings
		   II. Deferred tax Liabilities
		
		C. Cur Current Liabilities
		   I. Trade and Other payables
		   II. Short term borrowings
		   III. Provisions
		   IV. Deferred Income

Übertragen ins Deutsche

Aktiva	Bilanz	Passiva

A. Anlagevermögen
   I. Immaterielle Vermögensgegenstände
   II. Sachanlagen
   III. Finanzanlagen
 	
B. Umlaufvermögen
   I. Vorräte
   II. Forderungen aus Lieferungen und Leistungen und sonstige Forderungen
   III. Wertpapiere
   IV. Aktive Rechnungsabgrenzungsposten
   V. Zahlungsmittel und Zahlungsmitteläquivalente
		A. Kapital und Rücklagen
		   I. Gezeichnetes Kapital
		   II. Rücklagen
		
		B. Langfristige Schulden
		   I. Verzinsliche Verbindlichkeiten
		   II. Passive latente Steuern
		
		C. Kurzfristige Schulden
		   I. Verbindlichkeiten aus Lieferungen und Leistungen und sonstige Verbindlichkeiten
		   II. Kurzfristige Verbindlichkeiten
		   III. Rückstellungen
		   IV. Passive Rechnungsabgrenzungsposten

Abbildung 5.1-1: Mögliche Grundgliederung einer Bilanz nach IFRS

In den folgenden Kapiteln werden die wesentlichen Unterschiede zwischen den HGB- und IFRS-Regelungen bei der Bilanzierung erläutert.

> Letztlich gibt es mehr Gemeinsames als Trennendes zwischen HGB und IFRS. Sie werden in den folgenden Kapiteln sehr viel Vertrautes wiederfinden. Auch muss man weder Buchführung noch Jahresabschluss neu erlernen, die den IFRS zugrunde liegende Buchführung weicht nicht von der bisherigen gewohnten deutschen Praxis ab.

5.1.1 Immaterielles und Sachanlagevermögen

Lernziel: Sie lernen die Bewertungsunterschiede zwischen HGB und IFRS beim immateriellen und Sachanlagevermögen (einschließlich Leasing) kennen. In Folge können Sie dann Effekte bei der Neu- bzw. Folgebewertung von Anlagevermögen berechnen.

Einstieg ins Thema

Das Anlagevermögen stellt meist den größten Vermögensposten in einem Unternehmen dar.

Die immateriellen Werte, insbesondere die vom Unternehmen selbst erstellten Produktentwicklungen, Software usw. bekommen einen immer höheren Stellenwert. Letztlich machen sie einen Großteil des „eigentlichen" Wertes eines Unternehmens aus. Nach HGB werden diese Werte nicht immer realistisch abgebildet.

Aber auch beim Sachanlagevermögen stellt sich die Frage, wie dem Bilanzleser ein realistischer Einblick in das Unternehmensvermögen gewährt werden kann.

So ist unter anderem zu untersuchen, wie sich durch die Regelungen der IFRS das Anlagevermögen von der Darstellung nach HGB unterscheidet.

Vertiefende Informationen

Die Behandlung dieses Themas gliedert sich in **fünf Abschnitte**:

1. **Bewertung des immateriellen Anlagevermögens**
2. **Anschaffungs- und Herstellungskosten beim Anlagevermögen (Zugangsbewertung)**
3. **Neubewertung von Anlagevermögen (Folgebewertung)**
4. **Änderung der Abschreibungsmethode**
5. **Bewertung von Leasinggegenständen**

1. Bewertung des immateriellen Anlagevermögens

HGB: Strenge Massstäbe, Verbot der Aktivierung selbsterstellter immaterieller Güter

Jeder der anfängt, sich mit der Rechnungslegung nach HGB zu beschäftigen, lernt relativ früh die Problematik der Aktivierung immaterieller Wirtschaftsgüter. Dazu gehören alle Werte, die sich nicht direkt materiell darstellen lassen, z.B. Software, Lizenzen, geschaffene Forschungs- und Entwicklungswerte usw. Nach dem Grundsatz der Vorsicht legt hier das HGB strenge Maßstäbe bei der Aktivierung an. So dürfen nach § 248 Abs. 2 HGB nur entgeltlich erworbene immaterielle Wirtschaftsgüter aktiviert werden, nicht aber selbst geschaffene (die gekaufte Software darf z.B. aktiviert werden, nicht aber die selbst erstellte). Der deutsche Gesetzgeber ist hier misstrauisch und zweifelt letztlich an der Werthaltigkeit selbst erschaffener immaterieller Güter.

Die IFRS sehen dies anders. Nach IAS 38 besteht ein Ansatz<u>gebot</u> für immaterielle Wirtschaftsgüter, dies gilt für gekaufte aber auch selbsterstellte Güter. Allerdings gibt es auch hier eindeutige (einschränkende) Regelungen. So gibt es folgende Voraussetzungen für die Aktivierung eines immateriellen Wirtschaftsgutes:

IFRS: Möglichkeit der Aktivierung selbsterstellter immaterieller Güter

- Es muss eine **Identifizierbarkeit** des immateriellen Wirtschaftsgutes gegeben sein. Insbesondere muss das Wirtschaftsgut eindeutig vom Firmen- oder Geschäftswert unterschieden werden können. Letztlich muss ein Vermögenswert als ein separates Gut angesehen werden können, wobei es idealerweise die Möglichkeit gäbe, dass es verkauft, vermietet oder getauscht werden kann.

- Das Unternehmen muss über den Vermögensgegenstand **Verfügungsmacht** haben. Dies bedeutet im Zweifel, dass der Zugriff auf das immaterielle Gut gegenüber Dritten eingeschränkt werden kann, wie es z.B. bei Urheberrechten der Fall ist.

- Von dem immaterielle Gut muss erwartet werden können, dass es einen **zukünftigen Nutzen** für das Unternehmen bringt, z.B. in Form von Umsätzen, Kosteneinsparungen o. Ä.

- Es muss eine **zuverlässige Ermittlung der Anschaffungs- oder Herstellungskosten** eines immateriellen Gutes möglich sein, z.B. durch sorgfältige und bewertete Stundenaufschreibungen der Programmierer bei selbsterstellter Software.

BEISPIELE

- Ein Unternehmen gibt viel Geld für die systematische Weiterbildung von Mitarbeitern aus, die für die Zukunft des Unternehmens sehr nützlich ist. Man kann die Aufwendungen für diese Weiterbildung konkret feststellen und sogar die zusätzlichen Fähigkeiten der Mitarbeiter durch die Weiterbildung identifizieren. Trotzdem ist eine Aktivierung nicht zulässig, da die Verfügungsmacht über diese zusätzlichen Fähigkeiten eingeschränkt ist (Mitarbeiter könnten kündigen). Auch ist der zukünftige Nutzen einer Weiterbildung nicht sicher feststellbar.

- Ein Brillenhersteller erwirbt von einem italienischen Designer die Lizenz zur Vermarktung des Markennamens „Leonardo" für 1,5 Mio. EUR. Dieser immaterielle Wert ist aktivierbar, da alle obigen Kriterien zutreffen (die Lizenz ist als **separates Gut** identifizierbar, das Unternehmen hat alleinige **Verfügungsmacht** über die Lizenz, es ist ein **zukünftiger Nutzen** durch Umsatzerlöse erkennbar und die Lizenz ist zu einem eindeutig **feststellbaren Preis** erworben worden.

- Die EDV-Abteilung eines Unternehmens hat eine Software entwickelt, um die Logistikaktivitäten zu optimieren. Mittels der Software kommen die Waren schneller und kostengünstiger zum Kunden. Die Kosten für diese Software können nach IFRS (nicht nach HGB!) aktiviert werden,
  - da **identifizierbar** (die Software ist ein selbständiges, abgegrenztes Programm),
  - da die **Verfügungsmacht** über das Programm besteht (andere Unternehmen haben keinen Zugriff)
  - da es einen **Nutzen** bringt (Kosteneinsparung, schnellere Bedienung der Kunden)
  - da die **Kosten** für die Programmierung festgestellt werden können (Stundenaufschreibung der Programmierer).

FORSCHUNGS- UND ENTWICKLUNGSAUFWENDUNGEN

Das HGB verbietet die Aktivierung von Forschungs- und Entwicklungsaufwendungen, wenn diese im eigenen Unternehmen vorgenommen wurden (§ 248 Abs. 2 HGB). IAS 38 sieht dies differenzierter und trennt in

- Forschungsaufwand
  Dies ist die eigenständige und planmäßige Suche mit der Aussicht, zu neuen wissenschaftlichen oder technischen Erkenntnissen zu gelangen.

- Entwicklungsaufwand
  Dies ist die Anwendung von Forschungsergebnissen oder anderem Wissen mit dem konkreten Ziel der Neuschaffung oder Verbesserung von Produkten oder Verfahren.

> **Jetzt gilt:**
> Forschungsaufwendungen unterliegen einem Aktivierungsverbot.
> Entwicklungskosten sind unter bestimmten Bedingungen aktivierungspflichtig.

Begründung: In der Forschungsphase kann ein Unternehmen nicht beweisen, dass die Forschung einen zukünftigen wirtschaftlichen Nutzen haben wird. Damit wird fraglich, dass überhaupt ein immaterieller Vermögenswert existiert.

Wann dürfen Entwicklungskosten aktiviert werden?

Entwicklungen sind dagegen „näher am konkreten Produkt", allerdings müssen für die Aktivierung folgende Kriterien erfüllt sein:

- Das Entwicklungsprojekt muss technisch realisierbar sein

- Das Unternehmen muss die konkrete Absicht haben, diese Entwicklung auch fertig zu stellen
- Das Unternehmen muss in der Lage sein, die dann fertig gestellte Entwicklung auch wirtschaftlich zu nutzen
- Die Art und Weise der späteren Nutzung muss konkret sein, also z.B. Nachweis über vorhandene Absatzmärkte
- Das Unternehmen muss finanziell in der Lage sein, die geplante Entwicklung auch abzuschließen
- Die Entwicklungskosten müssen kostenmäßig exakt belegt werden können.

Problematisch ist natürlich immer, wann Forschung aufhört und konkrete Entwicklung anfängt. Hier gibt es also Abgrenzungsprobleme, die im Einzelfall nachgewiesen werden müssen.

BEISPIEL

Versetzen Sie sich einmal in die Lage eines Automobilherstellers, der Milliarden EUR in Forschung und Entwicklung investiert. Wann hört z.B. die Forschung an einem neuen Abgasreinigungssystem auf und beginnt die konkrete Entwicklung für die Produktionsreife?

Um einmal eine Größenordnung zu nennen: Im Jahre 2002 wies VW immaterielle Vermögenswerte von 7,7 Milliarden EUR aus, davon 2,5 Milliarden neuaktivierte Entwicklungskosten. VW aktivierte in 2002 rund 56% der Ausgaben für Forschung und Entwicklung.

Anmerkung dazu: Derartige Aktivierungen schlagen sich direkt im Ergebnis (positiv) nieder. Wären die Entwicklungskosten nur als reiner Aufwand ausgewiesen worden (also nicht aktiviert worden), wäre der Konzerngewinn wesentlich geringer gewesen.

Übersicht Bilanzierung immaterieller Werte nach IFRS

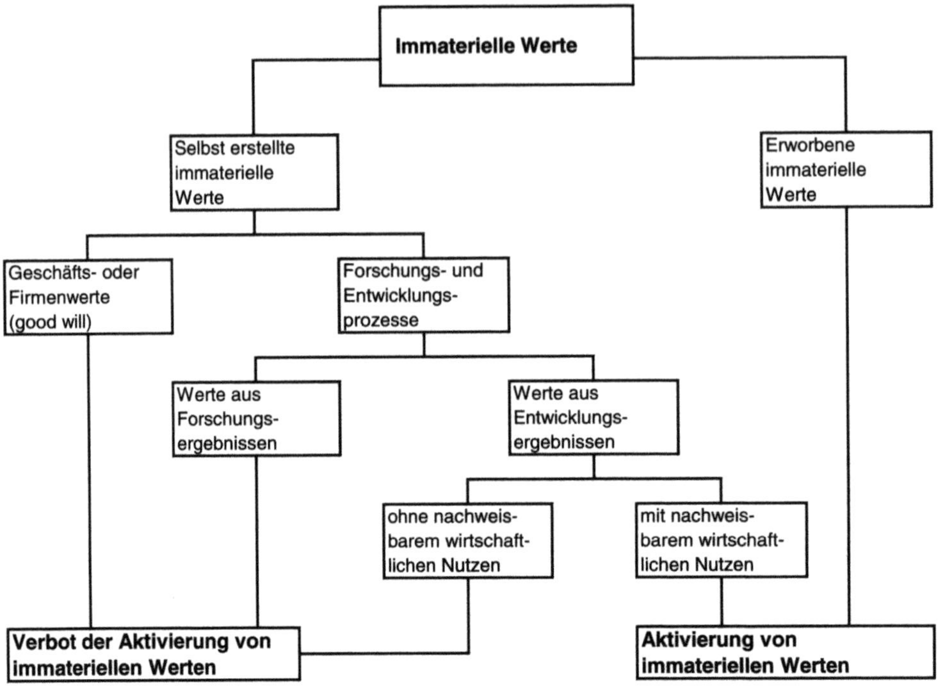

Abbildung 5.1.1-1: Aktivierung immaterieller Werte

AKTIVIERUNG EINES „GOODWILL"

Ein Goodwill kann einen wesentlichen Wert darstellen

Der Geschäfts- oder Firmenwert, der sog. „Goodwill" ist der Unterschiedsbetrag zwischen dem Wert der Vermögensgegenstände abzüglich der Schulden eines gekauften Unternehmens und dem gezahlten Kaufpreis. In der Praxis ist dies meist der eigentliche Wert eines Unternehmens, denn man kauft ja in der Regel nicht die Vermögensgegenstände (z.B. die Maschinen), sondern den guten Ruf, den Kundenstamm, letztlich die zukünftig zu erwartenden Erträge.

Vermögen	2.500.000 EUR
- Schulden	2.000.000 EUR
= Buchwert des Unternehmens	500.000 EUR
Kaufpreis	5.000.000 EUR
- Buchwert des Unternehmens	500.000 EUR
= Goodwill	4.500.000 EUR.

5.1 Bilanz

Jetzt ergibt sich ein weiterer Unterschied der IFRS zur HGB-Regelung. Lt. § 255 Abs. 4 HGB besteht ein Wahlrecht für die Behandlung dieses Unterschiedbetrages. Er <u>kann</u> (das heißt „darf") aktiviert werden und ist dann in den folgenden Jahren abzuschreiben. Man kann (darf) diesen Unterschiedsbetrag aber auch sofort im Aufwand verrechnen.

Unterschiedliche Behandlung des Goodwill nach HGB und IFRS

Nach IFRS ist dieser Unterschiedbetrag <u>zwingend</u> zu aktivieren und in Folge abzuschreiben (IAS 22).

> Allerdings darf auch nach IFRS ein vermeintlich selbst geschaffener Goodwill (die Geschäftsführung meint, das Unternehmen ist mehr Wert als das Vermögen abzüglich der Schulden) nicht aktiviert werden.

2. Anschaffungs- und Herstellungskosten und beim Anlagevermögen (Zugangsbewertung)

Die folgenden Ausführungen betreffen die Anschaffungs- und Herstellungskosten für das immaterielle Anlagevermögen (geregelt in IAS 38) sowie für das Sachanlagevermögen (geregelt in IAS 16).

Anschaffungskosten: Die Anschaffungskostendefinitionen nach IFRS unterscheiden sich nicht wesentlich von den HGB-Regelungen (§ 255 Abs. 1 HGB). Auch nach IFRS umfassen die Anschaffungskosten alle Aufwendungen, die geleistet werden müssen, um einen Vermögensgegenstand zu erwerben <u>und</u> ihn in einen betriebsbereiten Zustand zu versetzen. Also gehören auch nach IFRS z.B. alle Frachten, Verkehrssteuern, Anschaffungsnebenkosten sowie Kosten der Installation (auch eigene Installationsaufwendungen) zu den Anschaffungskosten.

Große Ähnlichkeiten zwischen HGB und IFRS

Unterschiede zum HGB ergeben sich lediglich in Sonderfällen, z.B. beim Tausch von Vermögensgegenständen oder öffentlichen Investitionszulagen (Details in IAS 16 und IAS 20 geregelt).

Herstellungskosten für selbsterstellte Anlagen: Grundsätzlich müssen die Herstellungskosten für selbsterstellte Anlagen nach den gleichen Grundsätzen wie erworbene Anlagen behandelt werden. Während in IAS 2 die Herstellungskosten für das Vorratsvermögen ausführlich erläutert werden, sind die entsprechenden Hinweise für selbsterstellte Anlagen in IAS 16 und 38 eher dürftig. So wird auch auf die Regelungen zum Vorratsvermögen hingewiesen. *Dieser Vorgehensweise wollen wir auch in diesem Buch folgen und weisen auf das Kapitel 5.3 hin, wo ausführlich das Thema Herstellungskosten diskutiert wird.* Allerdings sollen auch hier die wesentlichsten Eckdaten genannt werden:

Im Zweifel orientiert man sich an den Bewertungsregeln für das Vorratsvermögen

- Es besteht ein Vollkostengebot, das heißt, in die Herstellungskosten müssen auch anteilige Gemeinkosten mit einbezogen werden (hier sieht das HGB ein Wahlrecht vor)

Achtung! Unterschiede zwischen HGB und IFRS

- Verwaltungskosten werden in HGB und IFRS unterschiedlich behandelt (siehe untenstehende Abbildung).

	HGB			IFRS		
	Pflicht	Wahlrecht	Verbot	Pflicht	Wahlrecht	Verbot
Materialeinzelkosten	X			X		
Materialgemeinkosten		X		X		
Fertigungseinzelkosten	X			X		
Fertigungsgemeinkosten		X		X		
Sondereinzelkosten der Fertigung	X			X		
Forschungskosten			X			X
Entwicklungskosten			X	X^1		
Verwaltungskosten						
- produktionsbezogene		X		X		
- allgemeine		X				X
Fremdkapitalzinsen						
- produktionsbezogene Zinsen	X^2				X	
- nicht produktionsbezogene Zinsen			X			X
Vertriebskosten			X			X

[1] Entwicklungskosten sind nur gemäß den Kriterien des IAS 38 ansatzpflichtig
[2] Lediglich Zinsen, die zur Finanzierung eines Vermögensgegenstandes aufgewendet wurden, soweit sie auf den Zeitraum der Herstellung entfallen

Abbildung 5.1.1.2: Herstellungskostenermittlung beim Anlagevermögen

Die Vorschriften über **nachträgliche Anschaffungs- und Herstellungskosten** stimmen im wesentlichen mit den Vorschriften des HGB überein. Nach IFRS sind nachträgliche Anschaffungs- oder Herstellungskosten dann zu aktivieren, wenn

- z.B. die Nutzungsdauer einer Maschine durch den Aufwand verlängert wird
- die Kapazität einer Anlage erweitert wird
- eine wesentliche Verbesserung der Qualität vorliegt
- oder die Betriebskosten einer Anlage gesenkt werden können.

Besondere Vorschriften bestehen nach IFRS bei einigen Sonderfällen wie z.B. bei Rückbau, Abbruch- oder Rekultivierungspflichten.

3. Abschreibungen und Änderung der Abschreibungsmethode

Bei der Behandlung von Abschreibung besteht nach IAS 16 kein wesentlicher Unterschied zum HGB. Nach IFRS wird gefordert, das

- **Abschreibungsvolumen** (also z.B. die Anschaffungs- und Herstellungskosten)

- **auf systematischer Grundlage** (Verbrauch des wirtschaftlichen Nutzens einer Anlage, also z.B. Veraltung, Verschleiß o. Ä.)
- **über die Nutzungsdauer zu verteilen** (geschätzte Jahre der Nutzungsdauer).

Dabei ist bei der Ermittlung des Abschreibungsvolumens ein Restwert nur dann zu berücksichtigen, wenn er von materieller Bedeutung ist. Abschreibung auf GWG (geringwertige Wirtschaftsgüter) oder die Anwendung der Halbjahresvereinfachungsregel sind auch nach IFRS zulässig. Die Jahre der Nutzungsdauer sind periodisch zu überprüfen und ggf. anzupassen.

Restwert, GWG

> **Praxistipp**
> Es ist zu prüfen, ob die Nutzungsdauern der steuerlichen AfA-Tabellen in Deutschland den IFRS-Bestimmungen entsprechen. Hier wird eine Abstimmung mit den Wirtschaftsprüfern empfohlen.

Auch gibt es einen zu beachtenden **Unterschied zwischen HGB und IFRS**: Nach § 254 HGB kann ein steuerlicher Aspekt Basis für die Abschreibungshöhe sein. Danach kann man z.B. die degressive Abschreibungsmethode wählen, auch wenn sie nicht dem tatsächlichen Werteverzehr des Anlagegutes entspricht. Nach IAS 16 muss eine Abschreibungsmethode dem tatsächlichen Werteverzehr entsprechen.

Abschreibungen nach IFRS müssen realistischer sein

Grundsätzlich sind alle Abschreibungsmethoden nach IFRS zulässig:

- Die lineare Methode, die das Abschreibungsvolumen gleichmäßig auf die Jahre der Nutzung verteilt.
- Die degressive Methode, die in den ersten Perioden höher abschreibt (hier wird unterstellt, dass der Wertverlust in den ersten Jahren der Nutzung höher ist, z.B. beim PKW).
- Die leistungsabhängige Abschreibung, die unterstellt, dass ein Anlagegut in Abhängigkeit der Nutzungsintensität altert.

> Die Praxis nutzt im Rahmen der IFRS-Bilanzierung üblicherweise die lineare Methode, die auch international unstrittig ist.

Abschreibungen auf immaterielle Anlagen: Hier greifen die Regelungen von IAS 38. Zunächst unterscheidet man begrifflich hier im Englischen von den Abschreibungen auf das Sachanlagevermögen: Im Sachanlagevermögen spricht man im Englischen von "depreciation", beim immateriellen Anlagevermögen von „amortization". Ferner gelten folgende Regeln:

- Der Restwert immaterieller Anlagen ist grundsätzlich mit Null anzusetzen.

- Im Zweifel ist die lineare Abschreibung anzuwenden.
- Die Abschreibungsdauer sollte grundsätzlich nicht mehr als 20 Jahre betragen.

Alle obigen Annahmen sind im Zweifel widerlegbar (so kann es z.B. vertraglich gesicherte Rechte geben, deren Vertragslaufzeit über 20 Jahre hinausgeht).

AUSSERPLANMÄSSIGE ABSCHREIBUNGEN

Nun kann der Fall eintreten, dass der Zeitwert eines Vermögensgegenstandes unter seinen Buchwert fällt.

BEISPIEL

Ein Unternehmen hat eine computergesteuerte Fräsmaschine gekauft. Dummerweise hat sie ein Auslaufmodell gekauft, denn kurz nach dem Kauf kam bereits die nächste „Technologiegeneration" auf den Markt. Der Buchwert der Maschine liegt noch bei 50.000 EUR, der potenzielle Veräußerungspreis allerdings nur noch 20.000 EUR.

Nach IAS 36 ist bei derartigen Wertminderungen eine außerplanmäßige Abschreibung vorzunehmen. Im Gegensatz zu § 253 Abs. 2 S. 3 HGB (Regelung außerplanmäßige Abschreibung) muss diese Wertminderung nach IFRS nicht zwingend von Dauer sein.

Prüfung, ob eine Wertminderung zulässig ist

Voraussetzung für eine außerplanmäßige Abschreibun ist ein sog. Impairment-Test (impairment = Wertminderung). Dieser prüft z.B. folgende Tatbestände:

- Ist der Marktwert eines Gutes erheblich gesunken?
- Ist eine Anlage z.B. durch einen Schaden nur vermindert nutzbar?
- Gibt es wesentliche technologische oder Marktentwicklungen, die einen negativen Effekt auf das Unternehmen haben?

Der Wert der Wertminderung ergibt sich durch die Differenz zwischen Buchwert- und z.B. dem Marktwert:

Buchwert	50.000 EUR
Marktwert	20.000 EUR
Wertminderung	30.000 EUR.

Ferner gibt es noch kompliziertere Methoden, z.B. die Berechnung eines Ertragswertes. Hier ist im Einzelfall jeweils Abstimmung mit den Wirtschaftsprüfern erforderlich. Idealerweise kann der beizulegende Wert nach § 253 Abs. 2 S. 3 HGB übernommen werden.

In den IFRS werden noch eine Reihe von Sonderfällen im Rahmen der außerplanmäßigen Abschreibung behandelt, auf die hier nicht eingegangen werden kann.

5.1 Bilanz

Zuschreibungen: Nach IAS 36 ist eine sog. Wertaufholung, also eine Zuschreibung, durchzuführen, wenn der Grund für die Wertminderung entfallen ist.

Wertaufholungen

UMSTELLUNG DER ABSCHREIBUNGSMETHODE

Es ist in der deutschen Rechnungslegung gängige Praxis, zunächst degressiv abzuschreiben um dann nach einigen Jahren auf die lineare Abschreibung überzugehen. Der Beginn mit der degressiven Abschreibung hat in erste Linie steuerliche Gründe, da höhere Abschreibung in den ersten Jahren zu einer Steuerersparnis führen.

In Deutschland üblich: Erst degressiv abschreiben, dann linear

Im Rahmen der IFRS ist allerdings die lineare Abschreibung üblich und beim Übergang von HGB auf IRFS wird dann auf die lineare Abschreibung umgestellt. Nach IAS 1 muss nun ein IFRS-Abschluss so aufgestellt sein, als ob schon immer nach IFRS bilanziert worden wäre.

Effekte Umstellung der Abschreibungsmethode

Beispiel: Ein Anlagevermögen von 100.000 wird durchschnittlich nach HGB über 8 Jahre abgeschrieben, wobei in den ersten Jahren degressiv mit 20% abgeschrieben wird, ab dem 4. Jahr wird dann auf die lineare Abschreibung übergegangen. Im Zuge der Umstellung von HGB auf IFRS im 5. Jahr geschieht ein Wechsel in diesem Unternehmen grundsätzlich auf die lineare Abschreibung.

	Lineare Abschreibung		Erst degressiv, dann linear		Nachträglich lineare Abschreibung	
	Abschreibung	Restwert	Abschreibung	Restwert	Differenz Restbuchwerte absolut	in %
Anschaffungskosten		100.000		100000		
1. Jahr	12.500	87.500	20.000	80.000	7.500	9%
2. Jahr	12.500	75.000	16.000	64.000	11.000	17%
3. Jahr	12.500	62.500	12.800	51.200	11.300	22%
4. Jahr	12.500	50.000	10.240	40.960	9.040	22%
5. Jahr	12.500	37.500	10.240	30.720	**6.780**	**22%**
6. Jahr	12.500	25.000	10.240	20.480	4.520	22%
7. Jahr	12.500	12.500	10.240	10.240	2.260	22%
8. Jahr	12.500	0	10.240	0	0	

Es ergibt sich im 5. Jahr ein erheblich höherer Wertansatz für das Anlagevermögen (+22%).

Abbildung 5.1.1-3: Effekte Umstellung Abschreibungsmethode

Die Umstellung der Abschreibungsmethode hat also den **Effekt, dass das Anlagevermögen nach IFRS höher ausgewiesen wird**, das Unternehmen hat ein höheres Vermögen.

4. Neubewertung von Anlagevermögen

Grundsätzlich erfolgt die Bewertung von Sachanlagen zu fortgeführten Anschaffungs- und Herstellungskosten, also z.B. Anschaffungskosten minus planmäßige Abschreibungen. Dies ist die sog. **Benchmark-Methode**. Es ist aber auch eine **alternative Methode** zulässig, die eine Neubewertung nach dem Zeitwert vornimmt. Und jetzt kommt ein Punkt **in dem sich die HGB-Regelung gravierend von den IFRS-Regeln unterscheidet**. Nach HGB ist die Obergrenze der Bewertung die Anschaffungs- und Herstellungskosten (§ 253, Abs. 1 HGB). Nach IAS 16 (Sachanlagevermögen) und IAS 38 (immaterielle Vermögenswerte) darf man sogar nach dem Prinzip des Fair Value eine Neubewertung über die Anschaffungs- und Herstellungskosten hinaus vornehmen.

Nach IRFS dürfen Anschafungs- und Herstellungskosten überschritten werden!

BEISPIEL

Ein unbebautes und veräußerbares Grundstück hat einen Buchwert von 200.000 EUR. Ein von Fachleuten erstelltes Gutachten, das auch alle anderen Grundstücke des Unternehmens mit beurteilt hat, ermittelt einen Zeitwert von 350.000 EUR. Dieser Wert wäre realistischerweise auf dem örtlichen Grundstückmarkt zu erzielen. Das Unternehmen verzichtet zunächst auf den Verkauf des Grundstücks, setzt aber als aktuellen Wertansatz für dieses Grundstück 350.000 EUR an.

Grundsätzlich dürfen Unternehmen nach IAS 16 eine Neubewertung Ihrer Vermögensgegenstände vornehmen. Allerdings ist zu beachten, dass diese Bewertung nicht „fallweise" vorgenommen werden darf, also z.B. nicht einzelne Maschinen, Grundstücke, Gebäude usw. neu bewertet werden dürfen. Es muss immer die gesamte Gruppe der Anlagegegenstände neu bewertet werden, also z.B. alle Fahrzeuge, Maschinen usw.

Neubewertung nicht fallweise sondern nur in Gruppen

Ferner muss die Neubewertung zunächst gegen vorgenommene außerplanmäßige Abschreibung laufen, dass heißt, diese müssen zunächst erfolgswirksam erst wieder „wertaufgeholt" werden.

Wichtig: Die Neubewertung muss *erfolgsneutral* erfolgen (wenn nicht wie oben gesagt, lediglich eine außerplanmäßige Abschreibung wieder korrigiert wurde). Das heißt, es wird eine **Neubewertungsrücklage** (beim Eigenkapital) gebildet. Im Klartext heißt dies: Die Neubewertung führt nicht zu einer Erhöhung des Gewinns des Unternehmens.

Die Neubewertung erfolgt ergebnisneutral!

Anmerkung: Außerplanmäßige Abschreibungen sind nicht erfolgsneutral; diese gehen zu Lasten des Gewinns. Somit finden wir auch in den IFRS das Realisations- bzw. Imparitätsprinzip (siehe Kapitel 4).

Abschreibungen nach Neubewertung: Nach der Neubewertung bildet dann der neue Wert die Basis für die folgenden Abschreibungen.

Neubewertung des Sachanlagevermögens

Beispiel: Eine Maschine wurde für 2.000.000 EUR gekauft. Die voraussichtliche Nutzungsdauer beträgt 8 Jahre.
Es wird linear abgeschrieben. Im 4. Jahr wird die Maschine neu bewertet und der beizulegende Wert beträgt 1.600.000 EUR.

	Jahr	Benchmark-Methode		Alternativ-zulässige Methode		
		Abschreibung	Restwert	Abschreibung	Zuschreibung	Restwert
1. Jahr	2005	250.000	1.750.000	250.000	0	1.750.000
2. Jahr	2006	250.000	1.500.000	250.000	0	1.500.000
3. Jahr	2007	250.000	1.250.000	250.000	0	1.250.000
4. Jahr	2008	250.000	1.000.000	250.000	600.000	1.600.000
5. Jahr	2009	250.000	750.000	400.000	0	1.200.000
6. Jahr	2010	250.000	500.000	400.000	0	800.000
7. Jahr	2011	250.000	250.000	400.000	0	400.000
8. Jahr	2012	250.000	0	400.000	0	0

Abbildung 5.1.1-4: Beispiel Neubewertung von Sachanlagevermögen

Entscheidet sich das Unternehmen für die Neubewertung, dann müssen in regelmäßigen Abständen Neubewertungen vorgenommen werden.

5. Behandlung von Leasinggegenständen

Die Bewertung von Leasinggegenständen ist nach HGB wie auch nach IFRS eine relativ komplizierte Angelegenheit. Zunächst findet man im HGB nur recht dürftige Hinweise für die Behandlung von Leasing (z.B. im § 246, Abs. 1, S. 2 HGB). Die bilanzielle Behandlung des Leasings ist in Deutschland wesentlich geprägt von steuerlichen Erlassen. In den IFRS finden wir dagegen in IAS 17 einen ausdrücklichen Punkt zur Behandlung von Leasingverhältnissen. Die Inhalte dieses Punktes weisen starke Parallelen zu den deutschen steuerrechtlichen Regelungen auf.

HGB- und IFRS-Regelungen sind sich ähnlich

Grundsätzlich ist Leasing eine Vereinbarung, wonach der Leasinggeber gegen Zahlungen dem Leasingnehmer das Recht auf Nutzung eines Vermögensgegenstandes für einen vereinbarten Zeitraum überträgt.

Zunächst geht es auch nach IFRS darum, festzustellen, ob ein ***Operating Leasing*** oder ein ***Finance Leasing*** vorliegt.

⇒ **Operating Leasing:** Hier erfolgt die Zurechnung des Leasinggegenstandes beim Leasinggeber. Dieser muss den Gegenstand bei sich bilanzieren und abschreiben. Der Leasingnehmer zahlt lediglich die Leasingraten. Operate Leasing wird teilweise auch Mietleasing genannt, weil der Charakter dieser Leasingform der Miete sehr nahe kommt.

⇒ **Finance Leasing:** Hier erfolgt die Zurechnung des Leasinggegenstandes beim Leasingnehmer. Der Leasingnehmer wird wirtschaftlicher Eientümer, stellt das Leasinggut in seine Bilanz und führt entsprechende Abschreibungen durch. Natürlich muss der Leasingnehmer die Leasinraten an den Leasinggeber bezahlen.
Der Leasinggeber weist den Leasinggegenstand in seiner Bilanz nicht als Anlagevermögen sondern als Forderung aus.

Beim Leasing greift der Grundsatz „Substance over form": Nicht das rechtliche, sondern das wirtschaftliche Eigentum ist für die Zuordnung des Leasinggegenstandes entscheidend.

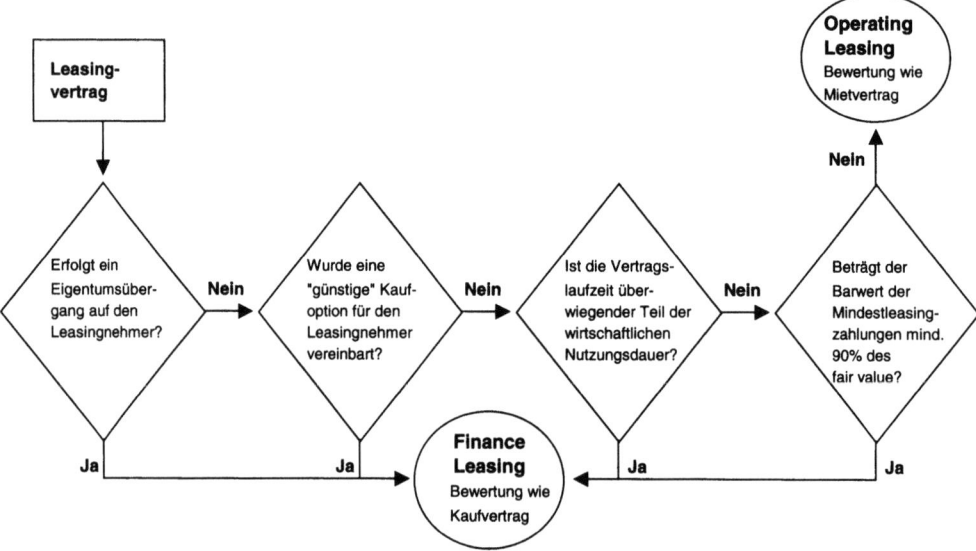

Abbildung 5.1.1-5: Prüfung Operating- oder Finance Leasing

BEISPIEL

Die Leasing-AG schließt einen Leasingvertrag mit der Kunststoff-AG. Eine Vergussmaschine mit einer Nutzungsdauer von zehn Jahren wird für eine feste Grundmietzeit von acht Jahren vermietet. Danach ist die Maschine zurückzugeben. Da jetzt die Mietzeit den überwiegenden Teil der Nutzungsdauer ausmacht, ist diese Maschine beim Leasingnehmer zu bilanzieren.

5.1 Bilanz

Darüber hinaus gibt es im Rahmen des Leasings eine Reihe von Besonderheiten, die immer im Einzelfall zu klären sind. Im Zweifel ist immer die Abstimmung mit den Wirtschaftsprüfern erforderlich.

Zusammenfassung

Durch die Grundsätze der IFRS, z.B. den **Fair Value**, gibt es teilweise unterschiedliche Bewertungsansätze zwischen HGB und IFRS.

- Z.B. sind nach HGB die wertschaffenden Effekte immaterieller Vermögensgegenstände (z.B. Software) nach HGB in den Bilanzen nur ungenügend berücksichtigt (Verbot der Aktivierung selbsterstellter immaterieller Werte). Nach den IFRS werden diese wertschaffenden Tätigkeiten anders und in weit höherem Umfang berücksichtigt (Aktivierungsgebot für Entwicklungskosten).
- Aber auch beim sonstigen Sachanlagevermögen geben die IFRS mehr Möglichkeiten, das Anlagevermögen realistischer, nämlich z.B. nach dem Zeitwert, zu bewerten. Das kann eine Neubewertung über Anschaffungs- und Herstellungskosten hinaus bedeuten, lt. HGB nicht möglich.

An den Bewertungsunterschieden zeigt sich also, **dass die IFRS den tatsächlichen bzw. Zeitwert besser berücksichtigen**. Damit bekommt der Bilanzleser ein realistischeres Bild vom Wert des Anlagevermögens des Unternehmens.

Aufgaben

Aufgabe 1

Bei der City-Brillen AG wird ein HGB und ein IFRS-Abschluss gemacht. Am Jahresende muss das Rechnungswesen entscheiden, welche immateriellen Posten bei welchem Abschluss aktiviert werden:

1. Man hat von einem externen Softwarehaus für 25.000 EUR eine neue Logistiksoftware programmieren lassen, die bereits im Einsatz ist
2. Man hat 60.000 EUR aufgewandt, um einen eventuellen zukünftigen Einsatz des Werkstoffes Carbon zu testen
3. Man hat von einer Fremdfirma einen Werbefeldzug organisieren lassen, der nachweislich 5% mehr Umsatz erbracht hat
4. Man hat für einen neuen Bügelklappmechanismus ein Patent angemeldet. Entwickelt haben dies die eigenen Mitarbeiter. Es sind 30.000 EUR Personalkosten und 10.000 Materialkosten angefallen

Kreuzen Sie an:

	HGB	IFRS
1.		
2.		
3.		
4.		

Aufgabe 2

Das Produktdesign hat einen neuen Farbeffekt entwickelt, der im neuen Jahr bei einem Teil der Brillenkollektion zum Einsatz kommt. Die Entwicklung hat 20.000 gekostet. Im Rechnungswesen streitet man sich, ob diese Kosten aktiviert nach HGB und/oder IFRS aktiviert werden dürfen.

Entscheiden Sie und begründen Sie Ihre Meinung.

Aufgabe 3

In unserem Brillenunternehmen steht eine hochwertige Spritzgussmaschine. Anschaffungskosten 1.600.000 EUR, Abschreibungsdauer zehn Jahre. Im 5. jahr stellt man fest, dass sie auf dem Markt noch für 900.000 EUR zu verkaufen wäre.

Führen Sie eine Neubewertung durch und stellen Sie die Abschreibungen bis zum zehnten Jahr dar.

	Alternativ-zulässige Methode		
	Abschreibung	Zuschreibung	Restwert
1. Jahr			
2. Jahr			
3. Jahr			
4. Jahr			
5. Jahr			
6. Jahr			
7. Jahr			
8. Jahr			
9. Jahr			
10. Jahr			

5.1.2 Finanzvermögen

Lernziel: Sie lernen die wichtigsten Ansatz- und Bewertungsvorschriften von Beteiligungen und Wertpapieren nach IFRS kennen.

Einstieg ins Thema

Zum Finanzvermögen gehören Anteile an verbundenen Unternehmen, Wertpapiere, Ausleihungen und Ähnliches. Dabei kann Finanzvermögen zum Anlage- und zum Umlaufvermögen gehören.

Kurzfristige Forderungen, die in der Literatur auch zum Finanzvermögen gezählt werden, werden in Anlehnung an die Bilanzgliederung im Kapitel 5.1.4 (Restliche Posten der Aktivseite) behandelt.

5.1 Bilanz

Eine Überleitung des Finanzvermögens von HGB zu den IFRS gehört mit zu den kompliziertesten Themen im Rahmen der IFRS. Das HGB regelt Ansatz und Bewertung des Finanzvermögens einfacher als die IFRS. Zudem ist im Rahmen der Internationalen Rechnungslegung noch vieles in der Diskussion, sodass auch immer mal wieder Änderungen zu erwarten sind.

Vertiefende Informationen

Dieses Kapital gliedert sich in **zwei Abschnitte**:

1. **Behandlung von Beteiligungen**
2. **Behandlung von Wertpapieren**

1. Behandlung von Beteiligungen

Das Thema Beteiligungen wird in einer Reihe von Vorschriften geregelt: IAS 27 (Tochterunternehmen, Konzernabschluss), IAS 28 (Assoziierte Unternehmen), IAS 31 (Joint Ventures), IAS 36 (außerplanmäßige Abschreibungen auf Beteiligungen) und IAS 39 (Sonstige Anteile).

> Es ist zu beachten, dass es bei den Beteiligungen zwei unterschiedliche Sichtweisen gibt:
> 1. Beteiligung im Einzelabschluss des Unternehmens
> 2. Beteiligungsausweis im Konzernabschluss.
>
> In diesem Kapitel geht es um die Beteiligung im **Einzelabschluss**. Die Behandlung von Beteiligungen im Konzernabschluss (Konsolidierungsfragen) siehe Kapitel 5.5 Konzernrechnungslegung

Es gibt eine Vielzahl von Beteiligungsarten:

- **Anteile an Tochterunternehmen.** Hier ist charakteristisch, dass „die Mutter" eine Kontrolle über „die Tochter" ausübt. Die Vorschriften des IAS 27 entsprechen hier *im Wesentlichen* den Vorschriften nach § 271 HGB Abs. 2 in Verbindung mit § 290 HGB Abs. 1 u. 2 (Achtung: Es gibt immer Unterschiede, wenn man in die letzten Details geht!).

- **Anteile an sog. assoziierten Unternehmen.** Hier muss ein signifikanter Einfluss vorliegen, der z.B. angenommen wird, wenn der Anteil an dem Unternehmen mindestens 20 % oder größer ist.

- **Anteile an Gemeinschaftsunternehmen** (Joint Ventures). Jetzt hat man Einfluss auf eine Unternehmens**gruppe**.

- **Sonstige Anteile.** Hier geht man davon aus, dass **keine Einflussmöglichkeit** besteht.

Diese Beteiligungen müssen nun in der Bilanz bewertet werden (siehe untenstehende Übersicht).

Übersicht Bewertung von Beteiligungen im IFRS-Einzelabschluss

Beteiligungsart	IFRS-Standard	Beschreibung der Einflussnahme	Bewertung
Tochter	IAS 27	Kontrolle über die Finanz- und Geschäftspolitik	**Wahl** zwischen - Anschaffungskosten - at equity - Zeitwert (Fair Value)
Assoziierte Unternehmen	IAS 28	Signifikanter Einfluss (Anteil größer 20%)	**Wahl** zwischen - Anschaffungskosten - at equity - Zeitwert (Fair Value)
Joint Ventures (Gemeinsame Unternehmen)	IAS 31	Gemeinsame Kontrolle oder signifikanter Einfluss	**Wahl** zwischen - Anschaffungskosten - at equity - Zeitwert (Fair Value)
Sonstige Anteile	IAS 39	Weder Kontrolle noch signifikanter Einfluss	Zeitwert (Fair Value)

Abbildung 5.1.2-1: Übersicht Bewertung von Beteiligungen im IFRS-**Einzelabschluss**

Es gibt also folgende Bewertungsansätze:
- **Anschaffungskosten.** Das sind die historischen Anschaffungskosten, mit denen diese Beteiligung erworben wurde
- **At equity** (Equity = Eigenkapital). Dies ist die sog. Eigenkapitalmethode: Der Wert der Beteiligung wird der Entwicklung des Eigenkapitals „der Tochter" angepaßt. **Siehe untenstehendes Beispiel.**
- **Zeitwert.** Der „Fair Value". Zu diesem Wert wird die Beteiligung auf dem Markt bewertet.

Bei einer dauernden Wertminderung wird eine außerplanmäßige Abschreibung verlangt.

5.1 Bilanz

Beispiele für Bewertungen nach der Equity-Methode

1. Equity-Methode ohne Berücksichtigung von stillen Reserven und Goodwill

Beispiel: Die Nord-AG erwirbt Ende 2004 einen 30%-igen Anteil = 240.000 EUR an der neu gegründeten Süd-GmbH. Im Jahr 2005 erzielt die Süd-GmbH einen Gewinn von 180.000 EUR.

Nord-AG		Ausgangsbilanzen 2004		Süd-AG			
Anlageverm.	1.200.000	Eigenkapital	1.000.000	Anlageverm.	600.000	Eigenkapital	400.000
Beteiligung	0	Gewinn	0	St. Reserven	0	Gewinn	0
Umlaufverm.	600.000	Schulden	800.000	Umlaufverm.	200.000	Schulden	400.000
Bilanzsumme	1.800.000	Bilanzsumme	1.800.000	Bilanzsumme	800.000	Bilanzsumme	800.000

Nord-AG		Bilanzen nach Beteiligung		Süd-AG			
Anlageverm.	1.200.000	Eigenkapital	1.000.000	Anlageverm.	600.000	Eigenkapital	400.000
Beteiligung	240.000	Gewinn	0	St. Reserven	0	Gewinn	0
Umlaufverm.	360.000	Schulden	800.000	Umlaufverm.	200.000	Schulden	400.000
Bilanzsumme	1.800.000	Bilanzsumme	1.800.000	Bilanzsumme	800.000	Bilanzsumme	800.000

Nord-AG		Bilanzen nach Gewinn		Süd-AG			
Anlageverm.	1.200.000	Eigenkapital	1.000.000	Anlageverm.	600.000	Eigenkapital	400.000
Beteiligung	294.000	Gewinn	54.000	St. Reserven	0	Gewinn	180.000
Umlaufverm.	360.000	Schulden	800.000	Umlaufverm.	380.000	Schulden	400.000
Bilanzsumme	1.854.000	Bilanzsumme	1.854.000	Bilanzsumme	980.000	Bilanzsumme	980.000

2. Equity-Methode mit Berücksichtigung von stillen Reserven und Goodwill

Beispiel: Die Nord-AG erwirbt Ende 2004 einen 30%-igen Anteil für 340.000 EUR an der Ost-GmbH
Im Jahr 2005 erzielt die Ost-GmbH einen Gewinn von 180.000 EUR.

Nord-AG		Ausgangsbilanzen 2004		Süd-AG			
Anlageverm.	1.200.000	Eigenkapital	1.000.000	Anlageverm.	600.000	Eigenkapital	600.000
Beteiligung	0	Gewinn	0	St. Reserven	200.000	Gewinn	0
Umlaufverm.	600.000	Schulden	800.000	Umlaufverm.	200.000	Schulden	400.000
Bilanzsumme	1.800.000	Bilanzsumme	1.800.000	Bilanzsumme	1.000.000	Bilanzsumme	1.000.000

Nord-AG		Bilanzen nach Beteiligung		Süd-AG			
Anlageverm.	1.200.000	Eigenkapital	1.000.000	Anlageverm.	600.000	Eigenkapital	600.000
Beteiligung	340.000	Gewinn	0	St. Reserven	200.000	Gewinn	0
Umlaufverm.	260.000	Schulden	800.000	Umlaufverm.	200.000	Schulden	400.000
Bilanzsumme	1.800.000	Bilanzsumme	1.800.000	Bilanzsumme	1.000.000	Bilanzsumme	1.000.000

Die 30%-ige Beteiligung der Nord-AG setzt wie folgt zusammen:
Anteil am Anlage- u. Umlaufvermögen der Ost-GmbH	240.000	(30% d. Anlage - u. Umlaufv. Ost-GmbH)
Anteil an den stillen Reserven der Ost-GmbH	60.000	(30 % der stillen Reserven d. Ost-GmbH)
Goodwill	40.000	(Kaufpreis - Gesamtwert Ost-GmbH)
= Beteiligung	**340.000**	

Nord-AG		Bilanzen nach Gewinn		Süd-AG			
Anlageverm.	1.200.000	Eigenkapital	1.000.000	Anlageverm.	600.000	Eigenkapital	600.000
Beteiligung	386.000	Gewinn	46.000	St. Reserven	200.000	Gewinn	180.000
Umlaufverm.	260.000	Schulden	800.000	Umlaufverm.	380.000	Schulden	400.000
Bilanzsumme	1.846.000	Bilanzsumme	1.846.000	Bilanzsumme	1.180.000	Bilanzsumme	1.180.000

Der Buchwert der Beteiligung der Nord-AG errechnet sich wie folgt:
Buchwert zu Beginn der Periode	340.000	
Gewinnanteil	54.000	(30% von 180.000)
Abschreibung auf anteilige stille Reserven	-6.000	(10% von 60.000)
Abschreibung Goodwill	-2.000	(5% von 40.000 lt. IAS 22)
Neuer Buchwert der Beteiligung	**386.000**	

Abbildung 5.1.2-2: Beispiele für die Bewertung nach der Equity-Methode

2. Behandlung von Wertpapieren

Einteilung der Wertpapiere

IFRS regelt die Bewertung von Wertpapieren. Vor ihrer Bewertung müssen Wertpapiere zunächst nach ihrem Verwendungszweck eingeteilt werden. Grundsatz: Erst einteilen, dann bewerten. Man unterteilt:

- **Held-to-maturity-investments** (Halten bis zur Fälligkeit)

  Dies sind Wertpapiere, die einen festen Fälligkeitstermin haben. Nach IAS 39 muss das Unternehmen auch die Absicht haben, diese Papiere bis zur Fälligkeit zu behalten. So dürfen z.B. Wertpapiere aus dieser Kategorie in den letzten zwei Jahren nicht veräußert worden sein. Sie können im Anlage- und Umlaufvermögen in der Bilanz ausgewiesen werden.

  Da z.B. Aktien keine Endfälligkeit haben, können sie keine held-to-matutity-investments sein.

- **Trading investments** (Handelspapiere)

  Diese Papiere werden zu Handels- oder Spekulationszwecken gehalten, z.B. Aktien. Der Ausweis kann im Anlage- oder Umlaufvermögen erfolgen, in der Regel erfolgt er aber im Umlaufvermögen.

- **Available-for-sale-investments** (Halten bis zum Verkauf)

  Dies sind Papiere, die in keine der oben genannten Kategorien passen. Es liegt also keine eindeutige Handelsabsicht vor und es fehlt auch das held-to-maturity-Kriterium (Fälligkeit). In diese Klasse fällt ein Großteil von Wertpapieren. Das Hauptmotiv für diese Investments ist häufig das Anlegen überschüssiger Geldmittel (z.B. in Anleihen aber auch Aktien).

BEISPIEL

Die Müller AG hält Rentenpapiere mit einer Restlaufzeit von acht Jahren. Man beabsichtigt, die Papiere bis zur Fälligkeit zu behalten. Normalerweise wären dies typische held-to-maturity-Papiere. Allerdings hat man aus diesem Rentenpapierosten letztes Jahr eine größere Anzahl veräußert, da man einen günstigen Kredit nicht ablösen wollte; so kam es zu einem Finanzengpass. Dieses Veräußern ist das „k.o.-Kriterium" und die Rentenpapiere dürfen nicht mehr als held-to-maturity-Papiere klassifiziert werden.

Die untenstehende Übersicht zeigt die Definitionen und Bewertungen.

Behandlung von Wertpapieren (IAS 39)

	Held-to-Maturity	Trading	Available-for-Sale
Inhalt	Hier besteht die Absicht, die Wertpapiere bis zur Fälligkeit zu halten	Wertpapiere, die zum Zwecke kurzfristiger Gewinnmitnahmen gehalten werden	Wertpapiere, die in keine der anderen beiden Kategorien passen
Ausgangsbewertung	Anschaffungskosten	Anschaffungskosten	Anschaffungskosten
Folgebewertung	Amortisierte Anschaffungskosten	Zeitwert (Fair Value)	Zeitwert (Fair Value)
Gewinne/ Verluste	Erfolgswirksame Zinszuschreibung und außerplanmäßige Ab- und Zuschreibungen	Erfolgswirksam	Wahlweise: Erfolgswirksam oder erfolgsneutral

Abbildung 5.1.2-3: Behandlung von Wertpapieren (IAS 39)

Besonderheiten: Der Einsatz von sog. Finanzderivaten bzw. Sicherungsgeschäften (Termingeschäfte, Optionen, Swaps usw.) nimmt zu. Hiermit kann man mit relativ geringem Einsatz große Geldmengen bewegen, allerdings sind derartige Geschäfte entsprechend risikoreich.

Die Bewertung derartiger Geschäfte ist sehr differenziert in IAS 39 geregelt; es sind sehr viele Details zu berücksichtigen. Grundsätzlich kommt der „Fair Value" zum Ansatz, wobei Wertänderung für zu erwartende Verluste oder Gewinne zu berücksichtigen sind.

Zusammenfassung

Das Finanzvermögen wird nach IFRS sehr differenziert behandelt. Bei **Beteiligungen** unterscheidet man im wesentlichen
- Anteile an Tochterunternehmen
- Anteile an sog. assoziierten Unternehmen.
- Anteile an Gemeinschaftsunternehmen
- Sonstige Anteile.

Wertpapiere werden nach ihrem Verwendungszweck eingeteilt:
- Held-to-maturity-investments (Halten bis zur Fälligkeit)
- Trading investments (Handelspapiere)
- Available-for-sale-investments (Halten bis zum Verkauf).

Die Bewertung ist differenziert. Es gibt diverse Wahlrechte aber auch feste Bewertungsansätze, z.B. Anschaffungskosten, at equity oder Fair Value. Gewinne oder Verluste kommen je nach Papier erfolgsneutral oder erfolgswirksam zum Ansatz.

Achtung! Komplizierte Materie mit vielen Sonderregelungen.

Aufgaben

Aufgabe 1

Zählen Sie die Bewertungsansätze auf, nach denen Beteiligungen bewertet werden können und geben sie ganz kurze, stichwortartige Erklärungen

Aufgabe 2

Ein Unternehmen hält Wertpapiere, auf die folgende Kriterien zutreffen:

1. Festverzinsliche Anleihen mit einer Restlaufzeit von vier Jahren. Man hat in der Vergangenheit keine Paiere aus diesem Posten veräußert und hat dies auch nicht vor

2. Man hat sich entschlossen, Aktien des jungen Technologieunternehmen zu erwerben, weil man sich einen hohen Wertzuwachs davon verspricht. Nach Vorgabe der Unternehmensleitung sind die Aktien dann zu veräußern, wenn sich ihr Wert jeweils um 30 % erhöht hat.

Ordnen Sie die Wertpapiere jeweils einer Gruppe zu.

5.1.3 Vorräte/Fertigungsaufträge

Lernziel: Sie lernen die Unterschiede der Bewertung von Herstellungskosten nach HGB und IFRS kennen und werden diese berechnen können. Ebenso werden Sie bei langfristigen Fertigungsaufträgen die unterschiedliche Bewertung nach HGB und IFRS erklären können.

Einstieg ins Thema

Neben der Beschaffung von Anlagen, Waren usw. von externen Lieferanten erstellen sehr viele Unternehmen eine Reihe von ***Eigenleistungen bzw. Fertigungsaufträgen***. Dies können z.B. sein:

5.1 Bilanz

- **Halbfabrikate:** Angearbeitete Teile, z.B. noch nicht endgültig fertiggestellte Brillen
- **Fertigfabrikate:** Zum Beispiel fertige Brillen (die ehemals Halbfabrikate waren und fertiggestellt sind)
- Oder **langfristige Projekte** wie z.B. den Auftrag für den Aufbau einer kompletten Fertigungsstraße in einem Industriebetrieb.

Da durch diese Eigenleistungen Vermögen geschaffen wird, muss dieses wie die zugekauften Güter ebenfalls aktiviert werden. Dies ist nun aber ungleich schwieriger als die Bewertung mit den Anschaffungskosten. Die Ermittlung der Anschaffungskosten erfolgt relativ einfach z.B. per Rechnung. Vorräte und Fertigungsaufträge müssen extra kalkuliert werden. Dabei ist zu prüfen, welche Unterschiede es zwischen den HGB- und den IFRS-Regelungen im Rahmen dieser Bewertung gibt.

Vertiefende Informationen

Es werden folgende **zwei Problemkreise** behandelt:

1. **Bewertung der Vorräte (Herstellungskostenbewertung)**
2. **Gewinnrealisierung bei langfristiger Fertigung**

1. Bewertung der Vorräte

Die selbst erstellten Güter werden mit den sog. ***Herstellungskosten*** bewertet. Die dahinterstehende Idee ist, dass ein Vermögensgegenstand zu dem Wert in der Bilanz zum Ansatz kommen soll, den er bei der Herstellung dem Unternehmen gekostet hat.

Diese Herstellungskosten setzen sich nun aber aus einer Vielzahl von Kostenarten zusammen, aus Materialkosten, Energie, Arbeitskosten wie Löhnen und Gehältern, Abschreibungen, Reparaturen usw. Die Schwierigkeit dabei ist, exakt die Kosten und deren Höhe zu finden, die für die Erstellung der eigenen Leistungen aufgewandt werden mussten. Hier muss also kalkuliert werden. Jetzt begibt sich die externe Rechnungslegung auf fremdes Terrain, nämlich ins interne Rechnungswesen. Konkret in den Bereich Kostenrechnung. Diese muss Hilfestellung geben und die Kosten für die angearbeiteten und fertigen Güter errechnen. Weit verbreitet ist in diesem Zusammenhang die sogenannte Zuschlagskalkulation, mit der die Kostenrechnung die Produkte bis hin zum Verkaufspreis kalkuliert. Bei dieser ***Kalkulation*** ist die Kostenrechnung nicht reglementiert, kann also unabhängig von gesetzlichen Regelungen kalkulieren wie sie will. So werden in der Regel die Produkte unter Einbeziehung von allgemeinen Zinsen und Vertriebskosten kalkuliert oder es kommen Kosten zum Ansatz, denen kein oder ein anderer Aufwand gegenübersteht (kalkulatorische Kosten). Die Externe Rechnungslegung dagegen hat die Mög-

Wie findet man die richtigen Herstellungskosten?

Hier ist das interne Rechnungswesen gefragt, die Kostenrechnung

lichkeiten der Kalkulation der Herstellungskosten eingeschränkt: Lt. HGB und IFRS dürfen nur bestimmte Kostenarten zum Ansatz kommen.

Kostenarten zur Ermittlung der Herstellungskosten

Ermittlung der Herstellungskosten: Die Ermittlung der Herstellungskosten ist in § 255 Abs. 2 HGB und IAS 2 geregelt. Danach kommen folgende Kostenarten zum Ansatz:

- Zwingend müssen in beiden Rechenwerken die Einzelkosten wie Material- und Fertigungseinzelkosten angesetzt werden.
- Für anteilige Gemeinkosten besteht lt. HGB ein Wahlrecht, bei den IFRS ein Pflichtansatz.

Nach HGB ist also ein **Teilkostenansatz** möglich, das heißt, es werden nur Teile der das Produkt verursachenden Kosten mit einbezogen. Dadurch werden die Vermögensgegenstände niedriger bewertet und stehen so auch niedriger in der Bilanz.

Nach IFRS ist ein **Vollkostenansatz** zwingend, das heißt, alle Kosten kommen zur Aktivierung, der Bilanzausweis fällt höher aus.

- Sonderkosten der Fertigung (z.B. direkt zurechenbare Werkzeugkosten) gehören in beiden Rechenwerken zwingend in die Herstellkosten.

Aktivierung von Entwicklungskosten

- Der Ansatz von Forschungskosten ist jeweils verboten, Entwicklungsaufwand ist lt. HGB verboten (immateriell!), lt. IFRS aber unter bestimmten Voraussetzungen Pflicht. Lt. IAS 38 sind Entwicklungskosten zu aktivieren, wenn folgende Kriterien erfüllt sind (siehe auch Kapitel 5.1.1 immaterielles Anlagevermögen):

  ➢ Identifizierbarkeit des immateriellen Vermögenswertes (bilanzielle Greifbarkeit)

  ➢ Verfügungsmacht über den Gegenstand

  ➢ Wahrscheinlichkeit, dass ein dem Gegenstand zuordenbarer wirtschaftlicher Nutzen dem Unternehmen zufließen wird

  ➢ Zuverlässig ermittelbare Kosten.

Ansatz von Verwaltungskosten

- Lt. HGB besteht für die gesamten Verwaltungskosten ein Wahlrecht. Die IFRS dagegen sehen für die allgemeinen Verwaltungskosten ein Ansatzverbot vor, für die produktionsbezogenen Verwaltungskosten besteht allerdings Ansatzpflicht. Die Differenzierung zwischen allgemeinen und produktionsbezogenen Verwaltungskosten ist in der Praxis schwer. Als typisches Beispiel für produktionsbezogene Verwaltungskosten kann man die Kosten der Lohnbuchhaltung für die Produktionskräfte nennen.

Ansatz von Zinsen

- Der Ansatz nicht produktionsbezogener Zinsen ist in beiden Regelwerken verboten.

Produktionsbezogene Zinsen müssen lt. HGB direkt zurechenbar sein und auf den Zeitraum der Herstellung entfallen. Lt. IAS 23 gibt es ein Wahlrecht für produktionsbezogene Zinsen, wenn es sich um ein sog. „qualifying asset" (siehe Kasten) handelt.

- Ansatz von Vertriebskosten ist nach HGB und IFRS gleichsam verboten

Ansatz von Vertriebskosten

> Unter **qualifying assets** (qualifizierte Vermögenswerte) versteht man solche Vermögenswerte, für die ein beträchtlicher Zeitraum für die Herstellung erforderlich ist, um sie in einen gebrauchs- oder verkaufsfähigen Zustand zu versetzen. Vorräte, die routinemäßig und über einen kurzen Zeitraum gefertigt werden, erfüllen nach IAS 23.6 nicht die Voraussetzungen eines qualifizierten Vermögenswertes.

BEISPIEL:

Ein Hersteller von Brillen bekommt einen Auftrag eines internationalen Modehauses, eine Brille herzustellen, die zur kommenden Kleiderkollektion passt. Für diesen Auftrag müssen eine Spezialmaschine und teure Spezialmaterialien (Karbonfaserwerkstoffe) beschafft werden und der Zeitraum von dem Entwurf der Brille bis zu den ersten fertigen Modellen dauert ca. 1,5 Jahre. Für die Maschine und das Material wird ein Bankkredit von 90.000 EUR zu 8% Zinsen für ein Jahr aufgenommen. Die Zinsen von 7.200 EUR dürfen (Wahlrecht) nun im Rahmen der Herstellungskosten angesetzt werden.

	HGB			IFRS		
	Pflicht	Wahlrecht	Verbot	Pflicht	Wahlrecht	Verbot
Materialeinzelkosten	X			X		
Materialgemeinkosten		X		X		
Fertigungseinzelkosten	X			X		
Fertigungsgemeinkosten		X		X		
Sondereinzelkosten der Fertigung	X			X		
Forschungskosten			X			X
Entwicklungskosten			X	X^1		
Verwaltungskosten - produktionsbezogene - allgemeine		X X		X		X
Fremdkapitalzinsen - produktionsbezogene Zinsen - nicht produktionsbezogene Zinsen		X^2	X		X^3	X
Vertriebskosten			X			X

[1] Entwicklungskosten sind nur gemäß den Kriterien des IAS 38 ansatzpflichtig

[2] Lediglich Zinsen, die zur Finanzierung eines Vermögensgegenstandes aufgewendet wurden, soweit sie auf den Zeitraum der Herstellung entfallen

[3] Herstellungskostenbezogene Fremdkapitalzinsen sind nur bei sogenannten "qualifying assets" ansatzfähig und bei Vorratsvermögen ausgeschlossen

Abbildung 5.1.3-1: Übersicht Herstellungskosten nach HGB und IRFS

In der Praxis spielen die Differenzen beim möglichen Ansatz von Kostenarten zwischen HGB und IFRS nur eine untergeordnete Rolle. So beziehen die meisten deutschen Unternehmen sowieso anteilige Gemeinkosten in die Bewertung mit ein (Vollkostenbewertung).

> **Praxistipp**
>
> Eine Herstellungskostenbewertung nach deutschen steuerlichen Anforderungen entspricht meist auch dem Regelwerk des IFRS. Somit sollte der steuerliche Ansatz für die IFRS übernommen werden, um Bewertungsunterschiede zu vermeiden.

Wirken sich unterschiedliche Auslastungsgrade auf die Bewertung aus?

Berücksichtigung der Beschäftigungsverhältnisse bei der Ermittlung der Herstellungskosten: Auch stellt sich die Frage, ob bei Unterauslastung sämtliche Kosten (z.B. Abschreibungen) auf die Produkte kalkuliert werden dürfen. Denn dies würde bedeuten, dass bei geringer Auslastung der Bewertungsansatz pro Einheit steigt, der Bilanzansatz also höher ausfällt. Da die Kapazität nicht ausgelastet ist, würden nun Kosten aktiviert, die für die Herstellung nicht notwendig

5.1 Bilanz

gewesen wären. Je geringer die Beschäftigung, umso höher die Herstellungskosten pro Stück. Darf das sein?

Bewertung bei Normalbeschäftigung	
Produzierte Stückzahl	1000
Einzelkosten pro Stück in EUR	20,00
fixe Gemeinkosten gesamt in EUR	10.000
Gemeinkosten pro Stück in EUR	10,00
Bewertung pro Stück:	
Einzelkosten pro Stück in EUR	20,00
Gemeinkosten pro Stück in EUR	10,00
Bewertungsansatz in EUR	**30,00**

Bewertung bei Unterbeschäftigung	
Produzierte Stückzahl	500
Einzelkosten pro Stück in EUR	20,00
fixe Gemeinkosten gesamt in EUR	10.000
Gemeinkosten pro Stück in EUR	20,00
Bewertung pro Stück:	
Einzelkosten pro Stück in EUR	20,00
Gemeinkosten pro Stück in EUR	20,00
Bewertungsansatz in EUR	**40,00**

Abbildung 5.1.3-2: Berücksichtigung der Auslastung bei der Herstellungskostenbewertung

Das HGB schreibt bei diesem Problem vor, dass „angemessene Teile" der Gemeinkosten zum Ansatz kommen dürfen. Der IAS 2 ist hier konkreter und sieht vor, dass fixe Gemeinkosten auf **Basis der Normalkapazität** zugerechnet werden.

In Theorie und Praxis der handelsrechtlichen Regelungen wird diese Problematik nun so interpretiert, dass bei der Umlage der Gemeinkosten auf das Stück von **normalen Beschäftigungsverhältnissen** auszugehen ist. Wird dies nun als Spanne zwischen zwei normalen Beschäftigungsgrößen verstanden, so kann die tatsächliche Kapazitätsauslastung zugrunde gelegt werden, wenn sich die Kapazität in dieser Spanne befindet. Dies entspricht auch dem IAS 2, wonach die tatsächliche Kapazität zugrunde gelegt werden kann, wenn sie der normalen Kapazität nahe kommt.

Somit sind die vermeintlichen Unterschiede zwischen HGB und IFRS in der Praxis gering.

Wird nun die normale Beschäftigung deutlich unterschritten, dürfen nach beiden Regelwerken die überhöhten Stückkosten nicht zum Ansatz kommen (Verbot der Aktivierung sogenannter Leerkosten).

Leerkosten dürfen nicht aktiviert werden

BEISPIEL

Normalerweise werden in unserem Brillenunternehmen für das Ausstanzen der Bügel 5 Stanzmaschinen mit einem Abschreibungsvolumen von 30.000 EUR eingesetzt. Durch mangelnde Auslastung kommen lediglich 3 Maschinen zum Einsatz. Jetzt dürfen lediglich 18.000 EUR (3 Maschinen à 6.000 EUR Abschreibungen) in der Bewertung der Bügel (Halbfabrikate) zum Ansatz kommen. Komplizierter wird die Rechnung, wenn alle Maschinen gebraucht werden, alle aber nur gering ausgelastet sind. Hier darf dann lediglich ein z.B. prozentualer Anteil der Abschreibungen zum Ansatz kommen.

2. Gewinnrealisierung bei langfristiger Fertigung

Vollkommen andere Herangehensweise der IFRS

Bei diesem Punkt ergibt sich ein wesentlicher Unterschied, zwischen HGB und IFRS, der geradezu einen „Grundpfeiler" des HGB umwirft: Das Realisationsprinzip (§ 252 Abs. 1 Nr. 4 HGB). Danach dürfen am Bilanzstichtag nur realisierte Gewinne ausgewiesen werden. So wäre es nach HGB eindeutig verboten, dass ein anteiliger Gewinn für einen längerfristigen und noch nicht abgerechneten Auftrag ausgewiesen wird (wobei dies mittlerweile auch nach Handelsrecht kontrovers diskutiert wird). Anders nach IAS 11. Hier ist es die Pflicht, dass anteilige Gewinne ausgewiesen werden.

BEISPIEL

Ein international tätiges Bauunternehmen erstellt ein Bürohochhaus, dessen Bauzeit sich über 2,5 Jahre hinzieht. Nach dem ersten Jahr dürften nach HGB lediglich die „Anlagen im Bau" mit iohren Herstellungskosten bilanziert werden, während nach IFRS bereits ein anteiliger Gewinn aus diesem Projekt ausgewiesen werden muss.

Problem: Wie hoch ist der Ansatz des anteiligen Gewinns?

Problematisch ist dabei jetzt natürlich die Schätzung des anteiligen Gewinns.

- Es gibt die sog. **Cost-Plus-Verträge**. Danach bekommt der Auftragnehmer seine Kosten plus eines vereinbarten Gewinnzuschlages vergütet. Hier müssen jetzt die dem Vertrag zurechenbaren Auftragskosten eindeutig bestimmt und verläßlich ermittelt werden können. Dann ist ein anteiliger Gewinn ermittelbar.

- **Festpreisverträge:** Hier müssen die Auftragskosten und die Auftragserlöse feststehen, die bis zur Fertigstellung des Auftrages noch anfallenden Kosten und der Grad der erreichten Fertigstellung. Jetzt kommt in der Praxis häufig die sog. **Percentage-of-completion-Methode** zum Einsatz.

DIE PERCENTAGE-OF-COMPLETION-METHODE

Hier wird der Gewinn nach dem Leistungsfortschritt ermittelt (im Gegensatz zum HGB. Hier wird der Gewinn erst ausgewiesen, wenn der Auftrag „komplett" ist und abgerechnet wurde; dies nennt man die **Completed-contract-Methode**). Im Rahmen der Percentage-of-completion-Methode arbeitet man meist nach der **Cost-to-cost-Methode**, das heißt, man ermittelt das Verhältnis der bis zum Stichtag angefallenen Auftragskosten zu den am Stichtag geschätzten Gesamtkosten des Auftrags:

Angefallene Auftragskosten am Stichtag:	200.000 EUR
Geschätzte Gesamtkosten des Auftrags:	500.000 EUR
Fertigstellungsgrad:	40 %.

So wird jetzt ein anteiliger Gewinn von 40% als realisiert ausgewiesen.

Alternativ kann z.B. auch die erbrachte Leistung begutachtet werden und auf dieser Basis wird dann ein Gewinnanteil errechnet.

Bewertung langfristiger Fertigungsaufträge

Beispiel: Ein Grossauftrag läuft über drei Jahre, der Verkaufserlös beträgt 1.500.000 EUR. Die geschätzten Gesamtkosten betragen 1.250.000 EUR.
Nun wird nach der Cost-to-Cost-Methode der Gewinnanteil pro Periode ermittelt.

Percentage-of-Completion-Methode (lt. IAS 11)

Jahr		Kosten pro Periode		Gewinnanteil pro Periode
		absolut	%	
1. Jahr	2005	350.000	28%	70.000
2. Jahr	2006	400.000	32%	80.000
3. Jahr	2007	500.000	40%	100.000
Summen		1.250.000	100%	250.000

Zum Vergleich: Completed-Contract-Methode (lt. HGB)

Kosten pro Periode		Gewinnanteil pro Periode
absolut	%	
350.000	28%	0
400.000	32%	0
500.000	40%	250.000
1.250.000	100%	250.000

Abbildung 5.1.3-3: Bewertung langfristiger Fertigungsaufträge

Der Ausweis des anteiligen Gewinns ist in der Literatur strittig. Es gibt Vorschläge, die Gewinne im Rahmen der Vorräte auszuweisen. Andere – und diese Vorgehensweise scheint plausibler und eher durch die IFRS abgedeckt – schlagen einen speziellen Ausweis unter Forderungen und Umsatzerlöse vor.

Ausweis der anteiligen Gewinne

Ist abzusehen, dass sich ein **Verlust aus dem Auftrag** ergibt, so ist dieser in voller Höhe **erfolgswirksam** (lt. IAS 11 als Rückstellung) zu berücksichtigen.

Verlustausweis aus Auftragsfertigung

Zusammenfassung

Die Bewertungsunterschiede der Vorräte nach HGB und IFRS sind nicht gravierend. Allerdings gibt es im Rahmen der IFRS mit Ausnahme der Fremdkapitalzinsen keine Wahlmöglichkeiten wie lt. HGB. Insbesondere ist die Einbeziehung von anteiligen Gemeinkosten zwingend. Somit bestätigt sich auch hier, dass die IFRS im Gegensatz zum HGB wenig Gestaltungsspielraum bieten.

Einen gravierenden Unterschied gibt es allerdings bei der Realisation von anteiligen Gewinnen bei langfristigen Fertigungsaufträgen. Während eine Gewinnrealisierung nach HGB gegen das Realisationsprinzip verstößt, ist eine anteilige Gewinnrealisierung nach IFRS zwingend.

Aufgaben:

Aufgabe 1
Beantworten Sie folgende Fragen:
- Was ist ein sog. „qualifying asset"?
- Warum können die Kosten bzw. Die Kalkulation der Kostenrechnung nicht 1:1 in die Bewertung nach HGB bzw. IFRS übernommen werden?
- Wie ist der Ansatz der Verwaltungskosten nach HGB und IFRS geregelt?

Aufgabe 2
Ermitteln Sie die Herstellkosten nach HGB und IFRS. Bringen Sie dabei alle möglichen Wahlrechte bei der Bewertung zum Ansatz. Bei den zu bewertenden Produkten handelt es sich um ein sog. „qualifying asset" und die Entwicklungskosten entsprechen den Kriterien nach IAS 38.

Materialeinzelkosten	1.000
Materialgemeinkosten	150
Fertigungseinzelkosten	1.500
Fertigungsgemeinkosten	1.200
Sondereinzelkosten der Fertigung	100
Forschungskosten	200
Entwicklungskosten	300
Produktionsbezogene Verwaltungskosten	200
Allgemeine Verwaltungskosten	250
Produktionsbezogene Zinsen	100
Nicht produktionsbezogene Zinsen	150
Vertriebskosten	350

5.1 Bilanz

	HGB	IFRS
Materialeinzelkosten		
Materialgemeinkosten		
Fertigungseinzelkosten		
Fertigungsgemeinkosten		
Sondereinzelkosten der Fertigung		
Forschungskosten		
Entwicklungskosten		
Verwaltungskosten - produktionsbezogene Verwaltungskosten - allgemeine Verwaltungskosten		
Fremdkapitalzinsen - produktionsbezogene Zinsen - nicht produktionsbezogene Zinsen		
Vertriebskosten		
Herstellungskosten		

Aufgabe 3

Ein europaweit tätiges Unternehmen ist für einen Energiekonzern tätig und saniert ein Gelände, das früher zum Kohleabbau genutzt wurde. Die Altlastenbeseitigung, Aufforstung usw. dauert knapp drei Jahre. Das Unternehmen schätzt seine Gesamtkosten für diesen Auftrag auf 6.000.000 EUR, als Festpreis wurden 7.000.000 Mio. EUR vereinbart. Im ersten Jahr fielen 2.100.000 EUR, im zweiten Jahr 2.400.000 EUR an Kosten an. Wir befinden uns beim Jahresabschluss des zweiten Jahres.

Geben Sie an, wie hoch ein anteiliger Gewinnanteil nach HGB und IFRS im Jahresabschluss des zweiten Jahres ausgewiesen wird.

5.1.4 Restliche Posten der Aktivseite der Bilanz

Lernziel: Sie lernen die wesentlichen Ansatzvorschriften der IFRS für die restlichen Posten des Anlagevermögens kennen.

Einstieg ins Thema

Nach der Behandlung des Anlagevermögens und der Vorräte geht es jetzt um die restlichen Posten des Umlaufvermögens. Wie in der HGB-Bilanz werden diese Posten auch nach IFRS hinter den Vorräten ausgewiesen.

Vertiefende Informationen

Folgende restlichen Posten des Umlaufvermögens werden im folgenden geklärt:

1. **Forderungen**
2. **Wertpapiere des Umlaufvermögens**
3. **Rechnungsabgrenzungsposten**
4. **Zahlungsmittel.**

1. Forderungen

Man trennt die Forderungen in

- Forderungen aus Lieferungen und Leistungen
- Sonstige Forderungen.

Forderungen sind nach IAS 39 mit dem Wert zu bewerten, welches das Unternehmen zukünftig für die ausgeführte Leistung erhalten wird. Bei festen und langfristigen Laufzeiten werden Forderungen abgezinst.

Latente Steuern

Im Bereich der Forderungen sind auch die aktiven latenten Steuern auszuweisen, wenn sie kurzfristigen Charakter haben (bei Längerfristigkeit muss ein Ausweis im Anlagevermögen erfolgen).

Ausweis zweifelhafter Forderungen auch nach IFRS

Zweifelhafte Forderungen (IAS 39): Forderungen bei denen der Zahlungseingang unsicher ist, müssen gesondert ausgewiesen werden. Grund für den gesonderten Ausweis ist, dass zweifelhafte Forderungen für eventuelle Investoren besonders wichtig sind: Was nützt ein hoher Forderungsbestand, der mit einiger Wahrscheinlichkeit nicht realisiert werden kann. Grundsätzlich können zwei Arten von zweifelhaften Forderungen unterschieden werden:

- **Allgemeines Forderungsrisiko:** Dies betrifft das allgemeine Ausfallrisiko von Forderungen und darf nach HGB berücksichtigt werden (Pauschalwertberichtigungen auf Forderungen). Nach

5.1 Bilanz

IFRS gilt grundsätzlich ein Verbot von Pauschalwertberichtigungen, allerdings kann nach eine Wertberichtigung differenziert z.B. nach Gruppen, Mahnstufen o. Ä. durchgeführt werden.

- **Spezielles Forderungsrisiko:** Für diese Forderungen ist ein konkretes Ausfallrisiko bekannt. Hier wird auch nach IFRS die Forderung wertberichtigt.

Forderungen aus Langfristfertigung: Auch werden jetzt als „künftige Forderungen" gesondert diejenigen ausgewiesen, die im Rahmen der Gewinnrealisierung langfristiger Fertigungsaufträge entstanden sind (Gross amount due from costumers for contract work = Künftige Forderungen aus Fertigungsaufträgen).

Ferner gibt es Sonderfälle, z.B. Behandlung von gekauften Forderungen oder Fremdwährungsforderungen.

2. Wertpapiere des Umlaufvermögens

Wertpapiere, die nur für kurze Zeit gehalten werden, erscheinen im Umlaufvermögen. Dies können sein:

- Sog. **Trading Securities**, also Wertpapiere, die zum Handel bestimmt sind und bei denen ein längeres Halten nicht beabsichtigt ist.
- Die sog. **Available-for-Sale Securities** (zum Verkauf verfügbare Wertpapiere). Diese können jetzt zweimal auf der Aktivseite der Bilanz auftreten: Einmal im Anlagevermögen, einmal im Umlaufvermögen.

Die Zugangsbewertung erfolgt zu Anschaffungskosten, danach wird zum Fair Value bewertet.

Details siehe Kapitel 5.1.2 Finanzvermögen.

3. Rechnungsabgrenzungsposten

Der Einfachheit halber behandeln wir hier gleich beide Rechnungsabgrenzungsposten, den aktiven wie den passiven.

Rechnungsabgrenzungsposten müssen nach IFRS nicht wie lt. HGB ausdrücklich ausgewiesen werden, sondern können

- als **prepaid expenses** (vorausbezahlter Aufwand) unter sonstige Vermögensgegenstände und
- als **prepaid revenue** oder **deferred income** (vorausbezahlter Ertrag) unter kurzfristigen Schulden

gezeigt werden. In der deutschen IRFS-Praxis werden die Rechnungsabgrenzungsposten trotzdem noch gesondert ausgewiesen.

Übersicht Rechnungsabgrenzungsposten

	IFRS	HGB
Im Voraus bezahlte Aufwendungen	Prepaid expenses, (vorausbezahlter Aufwand) wenn Vermögenswert	Aktiver Rechnungsabgrenzungsposten
Im Voraus zugeflossene Erträge	Prepaid revenue, (vorausbezahlter Ertrag) wenn Schuld	Passiver Rechnungsabgrenzungsposten
Entstandene, aber noch nicht erfaßte Aufwendungen	accrued expenses	Sonstige Verbindlichkeiten
Entstandene, aber noch nicht zugeflossene Erträge	accrued revenue	Sonstige Forderungen

Abbildung 5.1.4-1: Übersicht Rechnungsabgrenzungsposten nach HGB und IFRS

4. Zahlungsmittel

Hierunter fallen Bargeld und z.B. jederzeit verfügbare Bankguthaben usw. Darüber hinaus gibt es noch die sog. Zahlungsmitteläquivalente. Hierzu gehören z.B. kurzfristig fällige Geldmarktpapiere mit einer Restlaufzeit von unter drei Monaten.

Die Zahlungsmittel finden in der Kapitalflussrechnung besondere Berücksichtigung.

Zusammenfassung

Im Bereich der sonstigen Positionen des Umlaufvermögens ist auf folgende Punkte zu achten:

- Pauschalwertberichtigungen auf Forderungen sind nach IFRS verboten
- Wertpapiere können nach dem Fair Value über den Anschaffungskosten bewertet werden, ein wesentlicher Unterschied zur HGB-Regelung (hier Realisationsprinzip!)
- Rechnungsabgrenzungsposten müssen nicht gesondert als separate Position ausgewiesen werden.

Aufgaben

Im Rahmen des IFRS-Abschlusses wird die Behandlung folgender Probleme diskutiert:

1. Der Kunde Schulze GmbH hat in einem Schreiben einen Vergleich angeboten, mit dem ein Insovenzverfahren abgewendet werden soll. Danach sind 50 % der Forderungen fraglich geworden.

2. Nach Erfahrungswerten sind in der Vergangenheit 2 % aller Forderungen zweifelhaft geworden. Man ist etwas optimistischer geworden und will den Forderungsausfall jetzt mit lediglich 1,5 % als zweifelhaft bewerten.

3. Aus der Langfristfertigung ergibt sich ein anteiliger Gewinnausweis in diesem Jahr von 23.000 EUR.

Frage: Wie soll das Unternehmen die Posten im IFRS-Abschluss ansetzen?

5.1.5 Eigenkapital

Lernziel: Sie sollen Kenntnis davon bekommen, wie das Eigenkapital nach IFRS ausgewiesen wird und welche Besonderheiten es gegenüber den HGB-Vorschriften gibt.

Einstieg ins Thema

Das Eigenkapital ist betriebswirtschaftlich gesehen eine wichtige Größe in einem Unternehmen und ist Gegenstand diverser Untersuchungen z.B. mittels Kennzahlen, z.B. Eigenkapitalrentabilität (Gewinn in % zum Eigenkapital) oder Kapitalstrukturanalyse (Eigenkapital in % zur Bilanzsumme). So fordern die IFRS natürlich einen differenzierten Ausweis des Eigenkapitals, ergänzend gibt es aber dann auch die Eigenkapitalveränderungsrechnung (siehe Kapitel 5.3 Eigenkapitelveränderungsrechnung; in diesem Kapitel nicht gezeigt, da dies ein separater Punkt im Rahmen der IFRS ist)

Exkurs: Eine kleine Einführung in die Eigenkapitalproblematik

Das Eigenkapital ist das vom Unternehmer oder von den Gesellschaftern eingebrachte Kapital. Das Eigenkapital haftet auf jeden Fall für die Schulden des Unternehmens (in Einzelunternehmen oder Personengesellschaften haftet darüber hinaus auch der Unternehmer mit seinem Privatvermögen). Es setzt aus mehreren Einzelpositionen zusammen und wird auf verschiedene Weise erhöht oder im negativen Fall gesenkt. Grundsätzlich ist anzumerken, daß Eigenkapital nicht nur die Erstmittel sind, sondern daß es auch durch den laufenden Geschäftsbetrieb erhöht wird, wenn z.B. Gewinne anfallen oder Aktien ausgegeben werden.

- **Gezeichnetes Kapital**

  Dies sind die Einlagen des Unternehmers oder der Gesellschafter, auch Aktionäre. Bei der Aktiengesellschaft ist es das Grundkapital, bei der GmbH heißt es Stammkapital. Einzelunternehmen oder Personengesellschaften haben keine vorgeschriebene Kapitalhöhe, dafür haften diese allerdings auch mit dem Privatvermögen, während ansonsten nur das Grund- bzw. Stammkapital haftet, die Haftung also beschränkt ist. Grundsätzlich kann man sagen, je höher das gezeichnete Kapital, um so besser für die Gläubiger des Unternehmens, denn das gezeichnete Kapital steht dem Unternehmen letztlich „für immer" zur Verfügung und muß nicht, im Gegensatz zu einem Bankkredit zurückgezahlt werden. Ferner kostet eigenen Kapital keine Zinsen, belastet also nicht das Unternehmen mit Fremdkapitalkosten.

  Fragt man sich nun: Wo ist denn das Eigenkapital, muss man sagen, dass in es der Regel „weg ist". Nämlich „rübergewandert" auf die Aktivseite und dort im Vermögen gebunden. Trotzdem bleibt es für die Laufzeit des Unternehmens auf der Passivseite ausgewiesen.

- **Kapitalrücklage**

  Die Kapitalrücklage gehört zum Kapital. Hintergrund: Aktien haben einen Nennwert, z.B. 5 EUR. Dies ist der Anteil einer Aktie am gezeichneten Kapital. Will eine Gesellschaft z.B. das Kapital um fünf Millionen EUR erhöhen, werden eine Million Aktien ausgegeben. Nun werden diese Aktien aber nicht für 5 EUR an der Börse verkauft, sonder natürlich höher, über Pari, wie es heißt. Der Wert des Unternehmens wird vor Aktienausgabe geschätzt und in diese Schätzung gehen auch zukünftige Ertragserwartungen ein. So wird eine Aktie z.B. für 20 EUR verkauft. Die Käufer, also die Aktionäre sind bereit, über Pari zu zahlen, weil sie z.B. hohe Zukunftserwartungen an das Unternehmen haben oder meinen, es läßt sich vortrefflich mit diesen Aktien spekulieren. Auf jeden Fall liegt der Wert der verkauften Aktie jetzt um 15 EUR über dem Nennwert von 5 EUR pro Aktie. So finanzieren sich Aktiengesellschaften! Nun geht der Wert der Überpari-Emission, wie es heißt, nicht in das gezeichnete Kapital, dort gehen nur die 5 EUR hinein, sondern in die Kapitalrücklage. Natürlich steht diese Kapitalrücklage wie das Eigenkapital dem Unternehmen voll zur Verfügung.
  Ähnliches gilt für Wandel- oder Optionsanleihen.

- **Gewinnrücklagen**

  Gewinnrücklagen sind Reserven.

Sie werden aus Gewinnen gebildet, sie kommen also nicht von außen sondern stammen aus dem Jahresüberschuß. Bei Aktiengesellschaften gibt es eine gesetzliche Gewinnrücklage und satzungsgemäße Rücklagen. Alle Gewinnrücklagen werden aus nicht ausgeschütteten Gewinnen gebildet. Oft wird diese Rücklage, wenn sie beträchtlich ist, in gezeichnetes Kapital umgewandelt.

- **Gewinnvortrag/Verlustvortrag**
  Ein Gewinnvortrag stammt ebenfalls aus dem Gewinn und ist versteuert. ***Es sind Gewinne früherer Geschäftsjahre***. Dieser Gewinne sind bewußt nicht in die Gewinnrücklage eingestellt worden, aber auch nicht an die Gesellschafter ausgeschüttet. Sie sind sozusagen zunächst erstmal „geparkt" und warten auf Verwendung. Somit sind sie kein verläßlicher Eigenkapitalanteil, denn im nächsten Jahr verschwinden sie vielleicht durch Ausschüttung an die Gesellschafter. Beschlossen wird der Gewinnvortrag bei der Hauptversammlung, der Versammlung der Aktionäre. Häufig murren dann die Kleinaktionäre, die Gewinne lieber ausgeschüttet sehen wollen.

  Ein Verlustvortrag entsteht, wie der Name schon sagt, aus Verlusten des Unternehmens. Er wird eingestellt und man hofft, daß er in den nächsten Perioden ausgeglichen werden kann. Auf jeden Fall geht ein Verlustvortrag zu Lasten des Eigenkapitals. Unnötig zu sagen, daß es ausgesprochen negativ für das Unternehmen ist, wenn Verluste in Folge produziert werden. Ist durch die Folge von Verlusten das Eigenkapital aufgebraucht, muß das Unternehmen Konkurs anmelden.

- **Jahresüberschuss/Jahresfehlbetrag**
  Dies ist nun endlich der Gewinn (oder Verlust) des abgelaufenen Geschäftsjahres. Allerdings ist bei Ausweis dieser Position noch keine Entscheidung getroffen worden, was mit diesem Gewinn passiert. Er kann teilweise in die Gewinnrücklagen gehen, teilweise ausgeschüttet werden. Ein Verlust wird ebenfalls hier gezeigt.

Vertiefende Informationen

Der Ausweis des Eigenkapitals ist nach IFRS nicht so streng geregelt wie nach HGB (§§ 266, 272) und diversen Paragraphen des deutschen Aktiengesetzes. IAS 1 sieht als Mindestgliederung vor:

Nach IFRS geringere Gliederungstiefe des Eigenkapitals

- Gezeichnetes Kapital
- Kapitalrücklagen
- Akkumulierte Ergebnisse (Gewinnrücklagen, Ergebnisvortrag, Jahresüberschuss/-fehlbetrag

Ein Gewinn- oder Verlustvortrag und das Jahresergebnis werden nach IFRS nicht wie im HGB gesondert ausgewiesen sondern sind Bestandteil der Gewinnrücklagen.

> Deutsche Aktiengesellschaften orientieren sich häufig in der Praxis auch bei einer Rechnungslegung nach IFRS am detaillierteren Gliederungsschema nach HGB.

Unterschiede zum HGB

Allerdings enthalten die akkumulierten Ergebnisse (accumulated other comprehensive income) Bestandteile, die es so beim Eigenkapitalausweis nach HGB nicht gibt. Diese „other comprehensive income" beinhaltet:

- Neubewertungsrücklagen aus der Neubewertung des Anlagevermögens (siehe Kapitel 5.1.1 Punkt 4)
- andere nicht erfolgswirksame Einkommensbestandteile (z.B. aus höherer Stichtagsbewertung von Wertpapieren)
- Währungsdifferenzen im Konzern.

Diese Positionen können, müssen aber nicht separat ausgewiesen werden, müssen aber in der Eigenkapitalveränderungsrechnung gezeigt werden und im Anhang erläutert werden.

Nach IFRS saldierter Ausweis der eigenen Anteile

Eigene Anteile: Ein weiterer Unterschied ergibt sich bei der Behandlung der eigenen Anteile, wenn also z.B. ein Unternehmen eigene Aktien hält. Nach § 272 Abs. 4 und § 266 müssen eigene Anteile auf der Aktivseite der Bilanz ausgewiesen werden, die dann auf der Passivseite wieder neutralisiert werden. Nach IFRS ist ein saldierter Ausweis vorgesehen, wobei es hier mehrere Möglichkeiten gibt:

- Ausweis der Anschaffungskosten der eigenen Anteile als einzigen Abzugsposten im Eigenkapital
- Abzug des Nominalbetrages der eigenen Anteile vom gezeichneten Kapitals und der darüber hinausgehenden Anschaffungskosten von den Kapitalrücklagen
- Weitere Verteilung der Anschaffungskosten auf jede Kategorie des Eigenkapitals, also gezeichnetes Kapital, Kapitalrücklagen und Gewinnrücklagen.

> Diese Ausweismöglichkeiten bedeuten aber immer auch, dass die Bilanzsumme nach IFRS immer um die Höhe der eigenen Anteile geringer sein wird als nach HGB.

Darüber hinaus gibt es noch diverse Sonderfälle wie z.B. die Behandlung von Genussrechten (nach HGB unter bestimmten Kriterien Eigenkapital nach IFRS bedingt durch das Rückzahlungskriterium Fremdkapital) oder die Behandlung von Mitarbeiteroptionen.

5.1 Bilanz

Zusammenfassung

Nach IFRS kann das Eigenkapital geraffter ausgewiesen werden, allerdings werden weitere Details dann in der Eigenkapitalveränderungsrechnung gezeigt. Durch Bewertungsunterschiede zwischen HGB und IFRS kommt es zu Unterschieden im Eigenkapitalausweis, so werden z.B. nach IFRS Neubewertungsrücklagen gezeigt, die es in dieser Form nach HGB nicht gibt. Auch gibt es einen unterschiedlichen Ausweis eigener Anteile (HGB = Aktivposten und Rücklage, IFRS = Kürzung des Eigenkapitals).

Eine Überleitung des Eigenkapitals von HGB auf IFRS kann schematisch wie folgt aussehen:

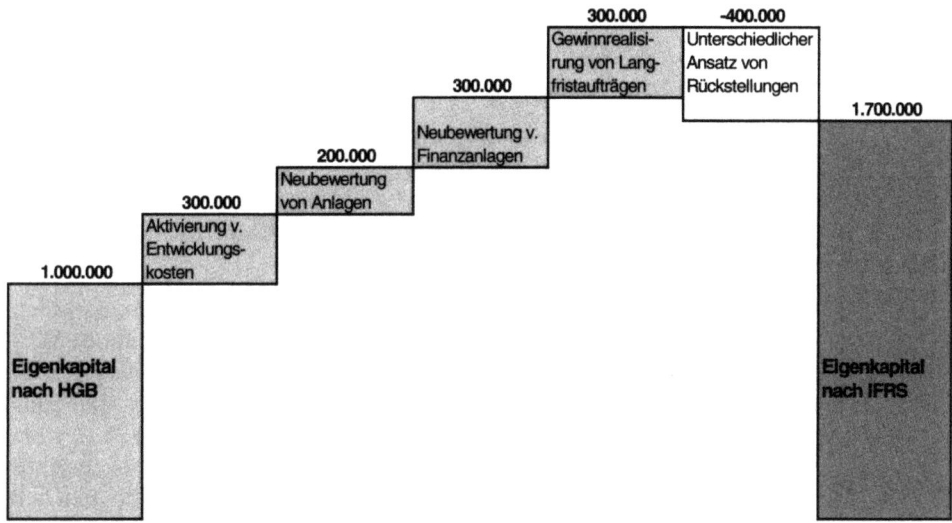

Abbildung 5.1.5-1: Überleitung Eigenkapital von HGB auf IRFS

Aufgaben

Aufgabe 1

Sie finden beim Eienkapital eine Position „other comprehensive income". Worum kann es sich jetzt handeln?

1. Um eine Kapitalrücklage aus der Ausgabe von Aktien?
2. Um eine Neubewertungsrücklage aus der Neubewertung von Anlagebermögen?
3. Um einen anteiligen Gewinnausweis aus Langfristaufträgen?
4. Um Währungsdifferenzen im Konzern?
5. Um eigene Anteile, die sich aus dem Rückkauf von Aktien ergaben?

Aufgabe 2

Warum ist die Bilanzsumme beim Ausweis von eigenen Anteilen nach IFRS geringer als nach HGB?

5.1.6 Rückstellungen

Lernziel: Sie lernen die unterschiedlichen Möglichkeiten des Ansatzes ungewisser Verbindlichkeiten als Rückstellungen oder Eventualschulden und können diese in ihrer Höhe bewerten.

Einstieg ins Thema

Rückstellungen (und Eventualverbindlichkeiten, s.u.) sind ungewisse Verbindlichkeiten. Man weiß, dass eine Belastung auf das Unternehmen zukommt, nur weiß man nicht exakt wann und in welcher Höhe. Derartige „drohende" Belastungen soll der externe Bilanzleser in der Bilanz erkennen können.

Für Rückstellungen bestehen nach § 249 HGB gewisse Ansatzpflichten, z.B. für drohende Verluste aus schwebenden Geschäften. Während für diese Verluste oder z.B. für Gewährleistungen eine Rückstellung angesetzt werden *muss*, gibt es nach Handelsrecht aber auch diverse Fälle, wo Rückstellungen angesetzt werden *dürfen*, z.B. wenn man eine größere Reparatur zum Ende des nächsten Geschäftsjahres plant. So gibt es gewisse „Gestaltungsmöglichkeiten". Will man z.B. den Gewinn möglichst niedrig ausweisen, wird man versuchen, eher mehr und höhere Rückstellungen anzusetzen. Diese Gestaltungsspielräume werden in der Praxis weidlich genutzt.

Auch die IFRS kennen Rückstellungen (Provisions und accruals), allerdings sind die Möglichkeiten des Ansatzes eingeschränkt.

Vertiefende Informationen

Eine Rückstellung *muss* nach IAS 37 gebildet werden,

Bedingungen für eine Rückstellung nach IFRS

- wenn das Unternehmen eine **rechtliche oder faktische Verpflichtung** gegenüber Außenstehenden hat
- wenn diese Verpflichtung aus einem **vergangenen Ereignis** herrührt
- wenn diese Verpflichtung zu einem **Abfluss von Ressourcen** führt. Dieser Abfluss muss **wahrscheinlich** sein, d.h. die Wahrscheinlichkeit muss größer als 50 % sein.

5.1 Bilanz

- und eine *zuverlässige Schätzung* dieser Verpflichtung möglich ist.

Diese Verpflichtung kann z.B. gegenüber anderen Unternehmen, Einzelpersonen oder einem unbestimmten Personenkreis, z.B. der Öffentlichkeit bestehen. Ausgeschlossen sind aber Rückstellungen gegenüber dem Unternehmen selbst, interne Verpflichtung dürfen nicht rückgestellt werden. Somit sind nach IFRS keine Rückstellungen für z.B. unterlassene Instandhaltungen zulässig, wie nach § 249 HGB.

Achtung: Weniger Möglichkeiten als nach HGB

BEISPIEL FÜR EINE RÜCKSTELLUNG

Ein Unternehmen für Oberflächenbearbeitung hat am Ende des Jahres die Auflage von der Gemeinde erhalten, seinen Sondermüll (Farbreste) in den ersten Monaten des neuen Jahres zu beseitigen. Das Unternehmen bildet eine Rückstellung über 23.000 EUR. Begründung:

Es bestand eine **Verpflichtung** durch die behörliche Auflage

Diese Verpflichtung rührte aus **vergangenen Ereignissen**

Die Verpflichtung führt zum **Abfluss von Geld**

Man weiß durch **konkrete Kostenvoranschläge**, dass die Sondermüllbeseitigung 25.000 EUR kosten wird.

Jetzt unterscheiden aber die IFRS im Gegensatz zum HGB noch zwischen „provisions" und „accruals":

- **Provisions** sind Rückstellungen im engeren Sinne. Hier sind die Höhe oder der Zeitpunkt der Verpflichtung noch relativ unsicher. Jetzt erkennt der externe Bilanzleser, dass sich hinter dieser Positionen noch gewisse Risiken verbergen.
- **Accruals** (kann man in etwa mit abgegrenzte Schulden übersetzen) dagegen sind in Höhe und Zeitpunkt dagegen recht sicher und entstehen z.B., weil der Gläubiger noch nicht endgültig abgerechnet hat (z.B. hat die Wirtschaftsprüfungsgesellschaft noch keine Endabrechnung für die Jahresabschlussprüfung geschickt).

Nach IFRS zwei „Arten" von Rückstellungen

Nach IFRS muss man streng trennen zwischen zulässigen Rückstellungen und *Eventualschulden*, die *nicht zurückgestellt* werden können.

Eine Eventualschuld ist im Gegensatz zur Rückstellung keine feste Verpflichtung. Sie ist lediglich geprägt von

- einer wirtschaftlichen Belastung, die erst zukünftig entsteht

Keine Rückstellungen für Eventualschulden

- oder deren wirtschaftliche Belastung eher unwahrscheinlich ist und/oder eine zuverlässige Schätzung der zukünftigen Belastung nicht möglich ist.

So findet man Eventualschulden nach IFRS zwar nicht in der Bilanz, bei Wahrscheinlichkeit einer wirtschaftlichen Belastung müssen sie aber im Anhang genannt werden.

BEISPIEL FÜR EINE EVENTUALSCHULD

Unser obiges Unternehmen für Oberflächenbearbeitung hat eine neue Farbgebungstechnologie mit umweltfreundlicheren Farben eingeführt, die die alte Technologie ablösen soll. Es steht noch ein Gutachten aus, ob die zukünftig anfallenden Farbreste teuer zu entsorgenden Sondermüll darstellen oder kostengünstig entsorgt werden können.

Hier setzt das Unternehmen keine Rückstellung an, da die wirtschaftliche Belastung fraglich ist, auf jeden Fall aber in ihrer Höhe ungewiss.

Ob eine Rückstellung oder eine Eventualverbindlichkeit vorliegt, kann mit folgendem Schema geprüft werden.

5.1 Bilanz

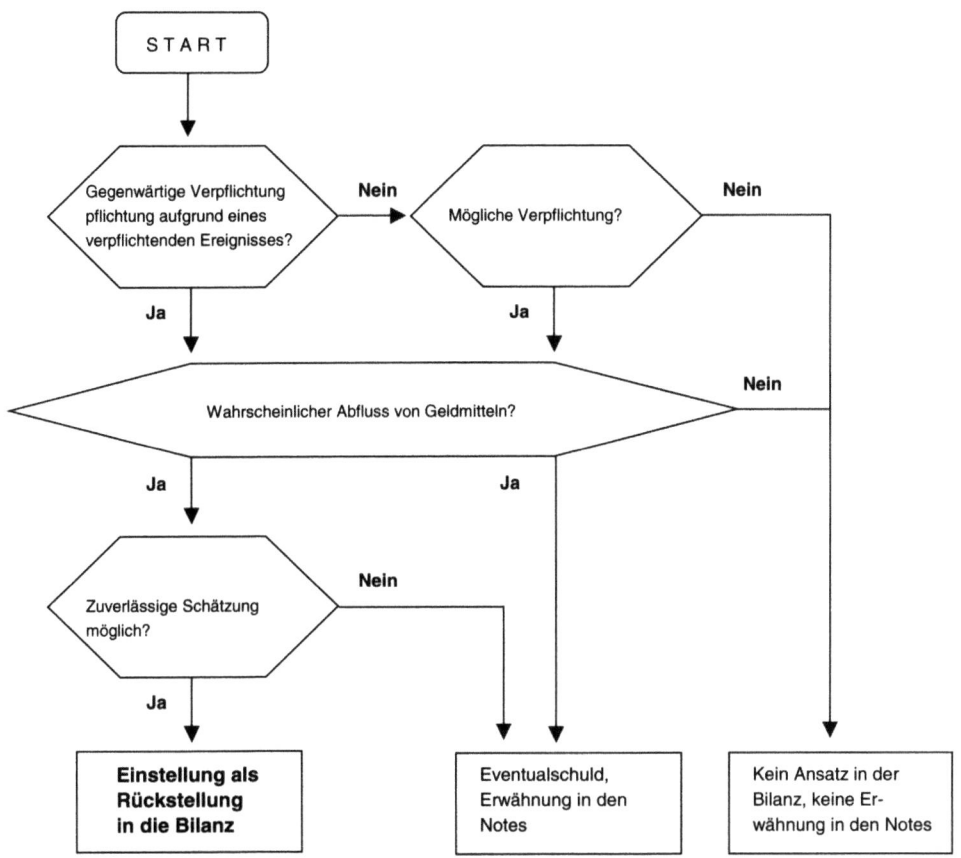

Abbildung 5.1.6-1: Rückstellungen nach IAS 37

Es gibt eine Reihe von **Sonderfällen** beim Ansatz von Rückstellungen:

- **Drohverlustrückstellungen:** Ist zu erwarten, das aus einem Vertrag der wirtschaftliche Schaden größer als der wirtschaftliche Nutzen ist, ist nach IAS 37 eine Rückstellung zu bilden
- **Restrukturierungsrückstellungen:** Will ein Unternehmen für Restrukturierungen eine Rückstellung bilden, müssen bestimmte Kriterien erfüllt sein, z.B. muss ein detaillierter Restrukturierungsplan vorliegen und die Restrukturierung muss bereits angestoßen worden sein. Lediglich interne Absichtserklärungen, z.B. seitens des Vorstandes, reichen nicht aus.

- **Pensionsrückstellungen:** Hier kommen die Vorschriften des IAS 19 zum tragen, die z.B. eine Berücksichtigung von zukünftigen Gehalts- und Karrieretrends verlangen. Das heißt, die Rückstellung wird nicht auf Basis des aktuellen Gehalts gebildet, sondern es wird zunächst die voraussichtliche Karier- und Gehaltsentwicklung berücksichtigt. So ergibt sich dadurch ein höherer Wert als nach HGB.

Nach § 6a des deutschen Einkommenssteuergesetzes ist ein Abzinsungssatz von 6 % für Pensionsrückstellungen gesetzlich festgelegt. Nach IFRS ist ein Zins für erstrangige Industrieanleihen festzusetzen. Darüber hinaus gibt es im Rahmen der Pensionsrückstellungen noch eine Reihe von relativ komplizierten Besonderheiten.

Pensionsrückstellungen werden nach IFRS anders als nach HGB bewertet

Bewertung von Rückstellungen

Dies ist die Frage nach der Rückstellungshöhe. Nach IAS 37 wird hier die „bestmögliche Schätzung" angesetzt, also er Betrag, der bei vernünftiger Betrachtung zur Erfüllung der Verpflichtungen notwendig ist. Dies kann z.B. bei Garantiekosten der Erfahrungswert aufgrund von Statistiken sein.

Kritisch wird es, wenn eine gewisse Schwankungsbreite angenommen wird. Nach HGB muss jetzt resultierend auf dem Vorsichtsprinzip der höchste Wert zum Ansatz kommen. Nach IAS 37 kommt aber der Mittelwert zum Ansatz.

Teilweise unterschiedliche Bewertungen zwischen IRFS und HGB

BEISPIEL ZUR BEWERTUNG VON RÜCKSTELLUNGEN

Bei unserem Unternehmen für Oberflächenbearbeitung ist es noch unsicher, ob die Kosten für die Sondermüllabfuhr 20.000 oder 30.000 EUR betragen, da der Sondermüll nach der Abfuhr aus dem Unternehmen im Hinblick auf seine Toxizität in der Müllverwertungsstelle noch geprüft wird, was Einfluss auf die Entsorgungskosten hat. Nach HGB müßten nun 30.000 EUR angesetzt werden, nach IFRS kommt der Mittelwert von 25.000 EUR zum Ansatz.

Besonderheit: Bei sehr langfristigen Rückstellungen kann eine Abzinsung erforderlich sein, wenn wesentliche Zinseffekte erwartet werden. Das bedeutet, dass die später fälligen Beträge auf den heutigen Wert abgezinst werden, es wird der sog. Barwert ermittelt.

Barwertermittlung bei langfristigen Rückstellungen

Zusammenfassung

Im Bereich Rückstellungen bestehen einige Unterschiede zwischen HGB und IFRS:

- IFRS bietet gegenüber Handelsrecht nur eingeschränkte Möglichkeiten zur Bildung von Rückstellungen. So sind z.B. Rückstellungen gegenüber dem Unternehmen selbst ausgeschlossen (z.B. Rückstellungen für unterlassene Instandhaltungen).
- Eventualschulden dürfen nicht rückgestellt werden, sind aber im Anhang auszuweisen.
- Die Bewertung geschieht im Zweifelsfall nach IFRS nicht nach dem pessimistischsten Wert (wie nach HGB lt. Vorsichtsprinzip) sondern nach einem Mittelwert.

Damit sind die nach deutschem Handelsrecht so beliebten Bilanzgestaltungen durch Rückstellungen in der Rechnungslegung nach IFRS nicht in dem Maße möglich. Folglich zeigt sich tendenziell dadurch für den Bilanzleser ein realistischeres Bild über die Belastungen, die zukünftig auf das Unternehmen zukommen.

Aufgaben

Aufgabe 1

Entscheiden Sie bei folgenden Fällen, ob Sie nach den IFRS eine Rückstellung (provision oder accrual) bilden müssen.

1. Der Gewerbesteuerbescheid ist noch nicht bezahlt. Er enthält einige strittige Punkte, die noch mit dem Finanzamt zu klären sind.
2. Ein Vertriebsmitarbeiter erzählt, dass ein Kunde evtl. einen Schadensersatzprozess anstrebt.
3. Ein Arbeitsprozess um eine Kündigung ist so entschieden worden, dass dem Mitarbeiter eine Abfindung in Höhe von drei Monatsgehältern gezahlt werden muss.
4. Sie vermuten, dass eine hochwertige Fräsmaschine im nächsten Jahr irgendwann für viel Geld generalüberholt werden muss.
5. Sie planen die Einstellung von einigen Mitarbeitern und erwarten im nächsten Jahr relativ hohe Anzeigenkosten.
6. Sie haben einen Kaufvertrag über eine Maschine von 70.000 EUR. Am Bilanzstichtag wissen Sie „Wir haben uns verkauft", die Maschine hat nur noch einen Marktwert von 40.000 EUR. Ein Rücktritt vom Vertrag ist nicht mehr möglich
7. Sie haben Ware auf Lager, die im nächsten Jahr mit großer Wahrscheinlichkeit nicht mehr verkauft werden kann.

Aufgabe 2

Ein Unternehmen hat die behördliche Auflage, einige Gebäudeteile, in denen man eine Asbestgefahr vermutet, prüfen und ggf. sanieren zu lassen. Ein Sanierungsunternehmen ist bereits beauftragt und hat bestätigt, dass Sanierungen vorgenommen werden müssen, allerdings in diesem Stadium noch keine Kostenschätzung möglich ist.

Zeigen Sie anhand von Prüfkriterien, ob es sich bei diesem Vorfall nach IFRS um eine Rückstellung oder um eine Eventualverbindlichkeit handelt.

Aufgabe 3

Der obige Sanierungsfall hat sich über ein ganzes Jahr hingezogen. Zum Jahresabschluss liegt eine konkrete Kostenschätzung des Sanierungsunternehmens über die restlichen Kosten vor. Allerdings sieht man eine Kostenspanne zwischen minimal 80.000 und maximal 90.000 EUR. Welcher Wert wird

1. Nach HGB zurückgestellt?
2. Nach IFRS zurückgestellt?

5.1.7 Verbindlichkeiten

Lernziel: Sie kennen den Ausweis von Verbindlichkeiten nach IRFS mit den wichtigsten Bewertungsansätzen (Zugangs- und Folgebewertung).

Einstieg ins Thema

Nach IFRS werden Rückstellungen (siehe obiges Kapitel) und Verbindlichkeiten zusammen als Schulden (liabilities) bezeichnet. Im Gegensatz zu den Rückstellungen liegt aber bei den Verbindlichkeiten eine feste wirtschaftliche Verpflichtung vor, die darüber hinaus zuverlässig zu quantifizieren ist, d.h. Höhe und Fälligkeit einer Schuld sind exakt definiert.

Vertiefende Informationen

Recht diffferenzierter Ausweis von Verbindlichkeiten nach HGB

Nach § 266 HGB (Bilanzgliederung) müssen Verbindlichkeiten recht ausführlich gegliedert werden (zumindest für große und mittelgroße Kapitalgesellschaften, Ausnahmen für kleinere Unternehmen):

1. Anleihen
2. Verbindlichkeiten gegenüber Kreditinstituten

5.1 Bilanz

3. erhaltene Anzahlungen auf Bestellungen
4. Verbindlichkeiten aus Lieferungen und Leistungen
5. Verbindlichkeiten aus der Annahme gezogener Wechsel und der Ausstellung eigener Wechsel
6. Verbindlichkeiten gegenüber verbundenen Unternehmen
7. Verbindlichkeiten gegenüber Unternehmen, mit denen ein Beteiligungsverhältnis besteht
8. Sonstige Verbindlichkeiten,
   davon aus Steuern,
   davon im Rahmen der sozialen Sicherheiten.

IAS 1 sieht dagegen nur eine Mindestgliederung vor:

- Verbindlichkeiten aus Lieferungen und Leistungen
- sonstige Verbindlichkeiten
- Ertragssteuerschulden, latente Steuern
- langfristig verzinsliche Schulden.

Nur geringe Gliederungstiefe der Verbindlichkeiten nach IFRS

Allerdings sind zusätzliche Posten auszuweisen, wenn sie notwendig sind, um die Vermögens- und Finanzlage des Unternehmens den tatsächlichen Verhältnissen entsprechend darzustellen. Dies lässt einige Spielräume offen und führt in der Praxis zu einer uneinheitlichen Bilanzierungspraxis: So gibt es Bilanzen von Unternehmen, die lediglich das Mindestgliederungsschema ausweisen und die restlichen Verbindlichkeiten im Anhang erläutern. Andere sind ausführlicher. Hier gibt es also Freiräume für die Bilanzersteller.

Differenzierter Ausweis kann nach IFRS in den Anhang verlegt werden

BEISPIEL FÜR VERBINDLICHKEITEN

Die Müller AG kauft Material auf Ziel. Bezahlt werden muss erst in 60 Tagen. Jetzt stehen Höhe Fälligkeit der Zahlung exakt fest. Eine „klassische" Verbindlichkeit aus Lieferungen und Leistungen.

Ferner hat die Maier AG diverse Kredite von verschiedenen Banken mit unterschiedlichen Restlaufzeiten zwischen einem und fünf Jahren: Typische Verbindlichkeiten gegenüber Kreditinstituten.

Die IFRS empfehlen, den Ausweis von Verbindlichkeiten in der Bilanz nach kurz und mittelfristig zu trennen (was im Anhang dann sowieso gefordert ist).

Bewertung von Verbindlichkeiten

Zugangsbewertung: Bei der erstmaligen Erfassung einer Verbindlichkeit ist nach IAS 39 der beizulegende Zeitwert der Verbindlichkeit anzusetzen, das sind die Anschaffungskosten einer Verbindlichkeit, z.B. ein Betrag lt. Eingangsrechnung.

Unterschied zwischen HGB und IFRS beim Disagio

Dabei sind sog. Transaktionskosten mit einzubeziehen, z.B. ist bei einem Darlehen mit vereinbarten Disagio (Abschlag auf die Darlehenssumme) im Gegensatz zum HGB der Nettobetrag des Darlehens anzusetzen (Darlehen 200.000 EUR - 8 % Disagio = 184.000 EUR Ansatz im Rahmen der Verbindlichkeiten). Nach IFRS wird der Aufwand von 16.000 EUR sofort verrechnet.

Folgebewertung: Kurzfristige Verbindlichkeiten (z.B. Fälligkeiten auf Abruf oder Fälligkeit innerhalb eines Jahres) werden mit dem Rückzahlungsbetrag angesetzt.

Komplizierter wird es unter Umständen lt. IAS 39 mit langfristigen Verbindlichkeiten: Hier wird (mit Ausnahmen) mit den fortgeführten oder auch sog. amortisierten Anschaffungskosten bewertet. Wendet man die Effektivzinsmethode an, ergibt sich beispielhaft folgendes Bild:

Folgebewertung nach der Effektivzinsmethode

Beispiel: Ein Unternehmen nimmt ein am 31.12. 2004 ein Darlehen von 150.000 EUR zun folgenden Konditionen auf:
Disagio: 10 %
Effektivzins: 6,5 %
Nachschüssiger Zins: 3,58 %
Rückzahlung 31.12.2008:

in 1.000 EUR	2004	2005	2006	2007	2008
1.1.		135,00	138,40	142,03	145,89
Effektivverzinsung 6,5 %		8,78	9,00	9,23	9,48
Zinszahlung		-5,37	-5,37	-5,37	-5,37
31.12.	135,00	138,40	142,03	145,89	150,00

Abbildung 5.1.7-1: Bewertung mittels der Effektivzinsmethode

Fremdwährungsverbindlichkeiten werden mit dem Stichtagskurs bewertet (HGB: Höchstwertprinzip, d.h. die Anschaffungskosten dürfen nicht unterschritten werden).

Zusammenfassung

IFRS schreiben eine weniger detailliertere Gliederung der Verbindlichkeiten als das HGB vor. Allerdings müssen Differenzierungen im Anhang erfolgen.

Des weiteren gibt es einige Unterschiede bei der Bewertung eines Disagios (Ausweis des vereinnahmten Betrages) und bei den Fremdwährungsverbindlichkeiten (Stichtagskurs).

Aufgaben

Aufgabe 1

Sie finden im Rahmen einer IFRS-Bilanz lediglich folgenden Ausweis von Verbindlichkeiten:

- Verbindlichkeiten aus Lieferungen und Leistungen
- sonstige Verbindlichkeiten
- Ertragssteuerschulden, latente Steuern
- langfristig verzinsliche Schulden.

Ist eine derart knappe Gliederungen der Verbindlickeiten zulässig?

Aufgabe 2

Sie wissen, dass die Darlehenssumme eines Krediten 50.000 auf 50.000 EUR veranschlagt war, finden aber in der Zugangsbewertung der Bilanz nur 45.000 EUR. Was kann passiert sein?

5.1.8 Latente Steuern

Lernziel: Sie können die Hintergründe des Ansatzes von Latenten Steuern erklären, kennen die wesentlichen Ansatzvorschriften und können einfache Berechnungen durchführen.

Einstieg ins Thema

Latente (versteckte bzw. nicht in Erscheinung tretende) Steuern ergeben sich aus der Differenz zwischen der *fiktiven Steuerbelastung* aus der handelsrechtlichen Gewinn- und Verlustrechnung bzw. der Handelsbilanz und dem *tatsächlichen Steueraufwand* aus der steuerrechtlichen Gewinnermittlung.

Es passiert, dass die im IFRS-Abschluss ausgewiesenen zu zahlenden Steuern aus der IFRS-Bilanz nicht abzuleiten sind. Grund: Die Steuerlast ist aufgrund der steuerlichen Vorschriften errechnet worden, im IFRS-Abschluss kamen andere Bewertungsansätze zum Tragen. Jetzt muss im Rahmen der IFRS-Bilanz ein Ausgleichposten gezeigt werden: Die latenten Steuern.

Vertiefende Informationen

Wir unterscheiden Latente Steuerschulden und Latente Steueransprüche.

Latente Steuerschulden: Das sind die Ertragssteuerbeträge, die zukünftig aus den Differenzen zwischen IFRS- und Steuerbilanz zu zahlen sind.

Latente Steueransprüche: Die sind Latente Steueransprüche, die in zukünftigen Perioden erstattungsfähig sind.

BEISPIELE

In der Steuerbilanz wird ein Gegenstand degressiv abgeschrieben, in der IFRS-Bilanz dagegen linear. Der Buchwert der IFRS-Bilanz liegt über dem Ansatz in der Steuerbilanz (langsamere Abschreibung durch die lineare Methode). Jetzt muss ein Posten für **passive Latente Steuern** zum Ansatz kommen.

Vorratsvermögen wird außerplanmäßig abgeschrieben. Ist dies in diesem Fall nach steuerlichen Vorschriften nicht erlaubt, liegt der Wert des Vorratsvermögens in der IFRS-Bilanz unter dem steuerlichen Wert. Jetzt entstehen **aktive Latente Steuern**.

Entsprechend entstehen aktive und passive sog. Steuerlatenzen spiegelbildlich, wenn es zu unterschiedlichen Bewertungsansätzen auf der

5.1 Bilanz

Passivseite kommt, z.B. im Rahmen der Bewertung von Rückstellungen.

Ansatz Latenter Steuern

Es gilt: Handelsbilanzgewinn **kleiner** Steuerbilanzgewinn = Aktive Latente Steuer
Handelsbilanzgewinn **größer** Steuerbilanzgewinn = Passive Latente Steuer

Beispiel: Angenommen, die Erfolge betragen in Handels- und Steuerbilanz jedes Jahr über 6 Jahre regelmäßig 250.000. Die Steuersätze liegen bei 40%.
Weiter angenommen, man rechnet gegen die Erfolge nun die Abschreibungen einer Anlage mit einem Anschaffungswert von 120.000 EUR. Dies verringert die zu versteuernden Erfolge.
In der Handelsbilanz kommen pro Jahr 30.000 EUR Abschreibungen zum Ansatz, in der Steuerbilanz 20.000 EUR.
Wenn nun in der Handelsbilanz das Anlagegut lediglich vier Jahre abgeschrieben wird, in der Steuerbilanz aber 6 Jahre, ergeben sich unterschiedliche Steuerbelastungen = Aktive Latente Steuern.

Jahr	Handelsbilanz-gewinn	Steuern Handelsbilanz	Steuerbilanz-gewinn	Steuern Steuerbilanz	Latente Steuern
2005	220.000	88.000	230.000	92.000	4.000
2006	220.000	88.000	230.000	92.000	4.000
2007	220.000	88.000	230.000	92.000	4.000
2008	220.000	88.000	230.000	92.000	4.000
2009	250.000	100.000	230.000	92.000	-8.000
2010	250.000	100.000	230.000	92.000	-8.000
Summen	1.380.000	552.000	1.380.000	552.000	0

Nach Ende der 6. Periode haben sich die Steuern ausgeglichen.

Abbildung 5.1.8-1: Ansatz Latente Steuern

Nach IAS 12 muss es sich beim Ansatz latenter Steuern um sog. temporäre Differenzen (z.B. Bewertungsunterschiede) und um quasi zeitlich unbegrenzte Differenzen handeln (siehe Kasten). Für permanente Differenzen (Betriebsausgaben, die steuerlich nicht anerkannt werden, z.B. Strafgelder des Kartellamtes) dürfen keine Latenten Steuern gebildet werden.

Einschränkung: Nur für temporäre Differenzen

Temporäre Differenzen: Die Unterschiede zwischen dem handels- und steuerrechtlichen Ergebnis müssen sich im Zeitablauf wieder ausgleichen (siehe obiges Beispiel)

Quasi zeitlich unbegrenzte Differenzen: Auch quasi-permanente Differenzen genannt. Das sind Differenzen, die sich nicht automatisch ausgleichen (wie die zeitlich temporären Differenzen), sondern erst durch Veräußerung des Vermögensgegenstandes.

Unterschiede HGB/IFRS

Jetzt gibt es diverse Unterschiede zwischen dem HGB und den IFRS. Die untenstehende Abbildung zeigt vereinfacht den unterschiedlichen Ausweis.

Übersicht Latente Steuern (Unterschiede IFRS - HGB)

	IFRS	HGB	Beispiele
Anwendung	Von der Rechtsform unabhängig	Kapitalgesellschaft und GmbH & Co.	
Ausweis/ Saldierung	Getrennter Ausweis von den tatsächlichen Steuern Die Aktiv-Passiv-Saldierung ist eingeschränkt	Zusammenfassung Passive Latenz mit der tatsächlichen Steuer ist zulässug Die Aktiv-Passiv-Saldierung ist zulässig	
Ansatz	Bilanzierungsgebot Aktivierung von Vorteilen aus Verlustvorträgen	Gebot nur für passive Abgrenzung. Wahlrecht fr aktive Abgrenzung. Keine Aktivierung wegen Verlustvortrag	
Zeitlich begrenzte Differenzen	ja	ja	Unterschiedliche Abschreibung in Handels- u. Steuerbilanz
Quasi zeitlich unbegrenzte Differenzen	ja	nein	Abschreibung nicht abnutzbarer Anlagen nur in der Handelsbilanz
Zeitlich unbegrenzte Differenz als Folge erfolgsneutraler Vermögensdiff.	ja	nein	Neubewertung von Vermögensgegenständen nur in der Handelsbilanz
Zeitlich unbegrenzte Differenz als Folge außerbilanzieller steuerlicher Berücksichtigung	nein	nein	Strafgelder der Kartellaufsichtsbehörde oder nicht abzugsfähige Teile der Aufsichtsratvergütung

Abbildung 5.1.8-2: Übersicht Latente Steuern

Ansatzhöhe Latenter Steuern

Die Höhe Latenter Steuern ergibt sich durch Multiplikation der Bewertungsunterschiede mit dem entsprechenden Steuersatz. Dabei muss nach IAS 12 der gültige Steueransatz genommen werden bzw. ein zukünftiger aber bereits rechtskräftiger Steuersatz (also nicht etwa ein selbst vorgenommener geschätzter Wert).

Rechenbeispiel zur Ermittlung Latenter Steuern

Beispiel: In den Jahren 2004 und 2005 ergeben sich Differenzen zwischen der Handels- und Steuerbilanz. Ferner sinkt der Steuersatz in 2005.

	2004			2005		
	Handels-bilanz	Steuer-bilanz	Differenz	Handels-bilanz	Steuer-bilanz	Differenz
Grund und Boden	200	120	80	200	120	80
Anlagen	125	130	-5	110	135	-25
Teilgewinne bei langfristiger Auftragsfertigung	20	0	20	15	0	15
Rückstellungen	-15	0	-15	-10	0	-10
Summen	330	250	80	315	255	60
Steuersatz			45%			40%
Latente Steuern			**36**			**24**
Veränderung zum Vorjahr						-12
Davon:						
Differenzen		45% von 20 (60 - 80 = - 20)				-9
Steuersatzänderung		- 5% (Steuersatz 2005 - 2004) von 60				-3
Veränderung Steuerlatenz						-12

Abbildung 5.1.8-3: Rechenbeispiel zur Ermittlung Latenter Steuern

Zusammenfassung

Sog. Steuerlatenzen entstehen aus der unterschiedlichen Bewertung zwischen Handels- und Steuerbilanz.

> Handelsbilanzgewinn < Steuerbilanzgewinn
> = **Aktive Latente Steuern**
> Handelsbilanzgewinn > Steuerbilanzgewinn
> = **Passive Latente Steuern.**

Dabei kommen nur *temporäre bzw. quasi zeitlich unbegrenzte Differenzen* zum Ansatz.

Die Differenzen werden mit den *aktuellen Steuersätzen* bewertet.

Die Ansatzvorschriften sind recht kompliziert und unterscheiden sich nach HGB und IFRS (rechtsformabhängige Vorschriften, Wahlrechte usw.)

Aufgaben

1. Nennen Sie zwei konkrete Beispiele, wie es zu Latenten Steuern kommen kann.
2. Was versteht man unter temporären Differenzen?

5.2 Gewinn- und Verlustrechnung

Lernziel: Sie kennen die wesentlichen Vorschriften des Ausweises der Gewinn- und Verlustrechnung nach IFRS.

Einstieg ins Thema

Während die Bilanz die Vermögenslage zeigt, zeigt die Gewinn- und Verlustrechnung (GuV) die Ertragslage.

Vertiefende Informationen

In der grundsätzlichen Systematik, also im Zusammenhang zwischen Bilanz und GuV wie auch in der Buchhaltung im Allgemeinen, gibt es kaum Unterschiede zwischen HGB und IFRS.

Die Formalien zur GuV sind in IAS 1 geregelt. Danach gibt es folgende Alternativen:

Gliederungstiefe frei wählbar

- Entweder man zeigt in der GuV eine geringe Gliederungstiefe; dann muss man im Anhang umfangreiche Erläuterungen bringen
- oder man untergliedert stärker und hält dafür den Anhang knapper.

In Deutschland kommt zweite Alternative – schon aus traditionellen Gründen, nach HGB gliedert man ausführlicher – eher zum Tragen.

Gesamtkostenverfahren und Umsatzkostenverfahren möglich

Wie auch nach § 275 HGB, kann man die IFRS-GuV entweder nach dem **Gesamtkostenverfahren** (nature of expense method) oder nach dem **Umsatzkostenverfahren** (cost of sales method) gestalten. In den angelsächsischen Ländern dominiert das Umsatzkostenverfahren.

5.2 Gewinn- und Verlustrechnung

Gesamtkostenverfahren
- Ansatz der gesamten Kosten
- Ansatz von Bestandsveränderungen

Umsatzkostenverfahren
- nur die Kosten der umgesetzten (verkauften) Produkte
- kein Ansatz von Bestandsveränderungen

GRUNDSCHEMA

Gesamtkostenverfahren		Umsatzkostenverfahren	
Umsatz	100	Umsatz	100
+/- Bestandsveränd.	15	---	
+ aktivierte Eigenleist.	5	---	
= Gesamtleistung	**120**	**= Gesamtleistung**	**100**
- gesamte Kosten	110	- Kosten des Umsatzes	90
= Ergebnis	**10**	**= Ergebnis**	**10**

Abbildung 5.2-1: Grundschemata Gesamtkosten-/Umsatzkostenverfahren

Eine GuV kann nach dem Gesamtkostenverfahren folgendes Grundschema aufweisen:

1. Revenues
2. Other operating income
3. Changes in inventories of Finished goods/Unfinished goods
4. Raw Materials und Consumables used
5. Staff Costs
6. Depreciations/Amortisations Expenses
7. Other operating Expenses
   = Operating Profit

8. Finance Revenues
9. Finance Costs
   = Profit/Loss before Tax

10. Income Tax
    = Profit/Loss after Tax
    (From ordinary Activities)

11. Extraordinary Items
    = Net Profit/Net Loss

1. Umsatzerlöse
2. Sonstige betriebliche Erträge
3. Bestandsveränderungen fertige/unfertige Erzeugnisse
4. Materialaufwand und Aufwand für Hilfs- und Betriebsstoffe
5. Personalaufwand
6. Abschreibungen
7. Sonstige betriebliche Aufwendungen
   = Betriebsergebnis

8. Finanzerträge
9. Finanzaufwendungen
   = Ergebnis vor Steuern

10. Ertragssteuern
    = Ergebnis nach Steuern
    (Aus gewöhnlicher Geschäftätigkeit)

11. Außerordentliches Ergebnis
    = Gewinn/Verlust

Abbildung 5.2-2: Grundschema Gewinn- und Verlustrechnung

Ausweis Discontinuing operations

Besonderheit: Nach IFRS müssen sog. *Discontinuing operations* ausgewiesen werden (in der GuV und im Anhang). Dies sind Geschäftsbereiche eines Unternehmens, die entweder veräußert oder eingestellt werden.

Zusammenfassung

Im Bereich der Gewinn- und Verlustrechnung ähneln sich HGB und IFRS stark in der Methode, auch nach IFRS ist das Gesamtkosten- und das Umsatzkostenverfahren möglich. Allerdings ist nach IFRS die Gliederungstiefe freier gestaltbar.

Aufgaben

Beantworten Sie folgende Fragen mit Ja oder Nein.

1. Nach IFRS kommt grundsätzlich nur das Umsatzkostenverfahren in Frage
2. Die Gliederungstiefe ist nach IFRS im wesentlichen frei wählbar
3. Die GuV zeigt nach IFRS nur ein Ergebnis vor Steuern
4. Die Discontinuing Operations müssen nur im Anhang, nicht aber in der GuV gezeigt werden.

5.3 Eigenkapitalveränderungsrechnung

Lernziel: Sie kennen die wesentlichen Bestandteile der Eigenkapitalveränderungsrechnung kennen und können diese berechnen.

Einstieg ins Thema

Die Eigenkapitalveränderungsrechnung gehört im Gegensatz zum HGB-Abschluss fest zur IFRS-Rechnungslegung und ist ein eigener Bestandteil. Ziel ist die erhöhte Transparenz über die Eigenkapitalentwicklung für die Interessenten des Jahresabschlusses.

Vertiefende Informationen

Inhalte

Die Eigenkapitalveränderungsrechnung zeigt die Veränderung des Eigenkapitals in einer Betrachtungsperiode, z.B. vom 31.12. 2004 bis 31.12.2005 (ein Geschäftsjahr kann aber auch z.B. 1. April bis 31. März gehen). Nach IAS 1 muss eine Eigenkapitalveränderungsrechnung folgende Inhalte haben:

5.3 Eigenkapitalveränderungsrechnung

- Das Periodenergebnis, also der Gewinn oder Verlust
- alle direkt, ohne Berührung der GuV im Eigenkapital erfassten Gewinne oder Verluste, z.B. aus Neubewertung des Sachanlagevermögens
- die Auswirkung der Änderungen von Bilanzierungs- und Bewertungsmethoden sowie der Berichtigung wesentlicher Fehler.

Daneben sind anzugeben (entweder in der Kapitalveränderungsänderungsrechnung direkt oder aber dann im Anhang):

- Einlagen und Ausschüttungen (Dividenden) von/an Anteilseigner/n
- die angesammelten Ergebnisse zum Beginn und Ende der Periode sowie die Bewegungen während der Periode
- eine Überleitung der Eröffnungsbilanzwerte zu den Endbilanzwerten für das gezeichnete Kapital, die Kapitalrücklage und alle anderen Rücklagen.

Ein Grundschema ist wie folgt aufgebaut:

Beispiel Grundschema Eigenkapitalveränderungsrechnung

	Gezeichnetes Kapital	Kapitalrücklage	Neubewertungsrücklage	Kumulierter Gewinn	Gesamt
Stand 31.12.2004	10.000	2.500	800	1.400	14.700
Änderung v. Bilanzierungs- und Bewertungsmethoden				-300	-300
Neuer Saldo	10.000	2.500	800	1.100	14.400
Neubewertung von Grund und Boden			400		400
Neubewertung von Finanzanlagen			200		200
In der GuV nicht enthaltene Ergebnisse			600		600
Periodenergebnis aus der GuV				700	700
Dividendenzahlung				-500	-500
Stand 31.12.2005	10.000	2.500	1.400	1.300	15.200

Abbildung 5.3-1: Grundschema Eigenkapitalveränderungsrechnung

Zusammenfassung

Die Eigenkapitalveränderungsrechnung zeigt die Entwicklung der einzelnen Eigenkapitalpositionen innerhalb einer Abrechnungsperiode, z.B. vom 31.12. eines Jahres bis zum 31.12. des Folgejahres.

Aufgaben

Beantworten Sie folgende Fragen mit Ja oder Nein:

1. Die Eigenkapitalveränderungsrechnung ist ein freiwilliger Bestandteil des Jahresabschlusses nach IFRS

2. Anteilige Gewinne aus Langfristfertigung müssen separat ausgewiesen werden

3. Die Dividendenzahlung betrifft lediglich die Verbindlichkeiten und wird in der Eigenkapitalveränderungsrechnung somit nicht gezeigt

4. Die Eigenkapitalveränderungsrechnung muss immer den Zeitraum vom 1.1. bis zum 31.12. beleuchten.

5.4 Kapitalflussrechnung

Lernziel: Sie können beurteilen, inwieweit ein Unternehmen in der Lage ist, „Cash" zu erwirtschaften. Dabei lernen Sie die wichtigsten Positionen einer Kapitalflussrechnung kennen. Ferner finden Sie sich in den etwas komplizierteren Ergebnisberechnungen (vor und nach Zinsen bzw. Steuern) zurecht.

Einstieg ins Thema

Eine Kapitalflussrechnung ist letztlich eine ausführliche Cash flow-Rechnung. Es soll die Fähigkeit des Unternehmens dokumentiert werden, Zahlungsmittel (Cash) zu erwirtschaften.

Exkurs: Der Cash flow

Die Kennzahl Cash flow ist ein Indikator für die Finanzkraft eines Unternehmens. Frei übersetzt: Der „Kassenzufluss". Dieser drückt aus, was in einer bestimmten Periode in die Kasse (bzw. auf das Konto) fließt. Denn es ist ja z.B. nicht der Gewinn, der als „Cash" erwirtschaftet wird. Im Gewinn sind z.B. Abschreibungen und Rückstellungen als Negativkomponenten enthalten: Abschreiben drücken den Gewinn. Und obwohl jetzt der Gewinn gedrückt wird, ist das Geld ja

5.4 Kapitalflussrechnung

noch im Unternehmen und steht so z.B. für Investitionen, Eroberung neuer Märkte usw. zur Verfügung.

Man schaut als Bilanzanalyst gern auf den Cash flow, weil hier ohne Einfluss von Bilanzgestaltungsspielräumen tatsächlich gezeigt wird, wo und wie viel Geld (Cash) wirklich im Unternehmen generiert wird.

Kurzformel:

	Gewinn	150
	+ Abschreibungen	70
	+/- Veränderung Rückstellungen	20
	= Cash flow	**240**

Vertiefende Informationen

Nach IAS 1 wird eine Aufstellung einer Kapitalflussrechnung verlangt, deren Inhalte dann in IAS 7 erläutert werden. Danach wird eine Kapitalflussrechnung grundsätzlich in drei Bereiche gegliedert:

- **Cash flow aus der laufenden Geschäftstätigkeit**
  Hier wird der Cash flow aus der Tätigkeit gezeigt, die das eigentliche Ziel bzw. „Geschäft" des Unternehmens ist, nämlich z.B. Produktion von Waren oder Dienstleistungen. Aktivitäten aus Investitionen oder Finanztätigkeit bleiben hier noch außen vor.
  Nun wird das Ergebnis des Unternehmens um Positionen wie Abschreibungen oder Rückstellungen korrigiert, um einen ersten Cash flow-Ausweis zu erhalten.

- **Cash flow aus der Investitionstätigkeit**
  Nun wird gezeigt, wie sich die Finanzmittel im Bereich Investition bzw. Desinvestition (z.B. Verkauf von Anlagen) entwickeln. In die Investitionen fließt Geld, aus dem Verkauf von Anlagen kommt Geld.

- **Cash flow aus der Finanzierungstätigkeit**
  Hier wird die Frage beantwortet, wie sich Finanzmittel aus Kreditaufnahme, Schuldentilgung und Zinszahlungen für Kredite entwickeln. Auch wird hier eine Dividendenzahlung gezeigt, denn eine Dividendenzahlung ist sozusagen die „Prämie" für die Aktionäre, dass sie das Unternehmen mitfinanziert haben.

Dreiteilung der Cash flow-Rechnung

Als Summe der drei Bereiche ergibt sich die Veränderung des Bestandes an Zahlungsmitteln.

Dabei stellt der Bilanzleser z. B. folgende Fragen:

- Ist das Unternehmen (im Zeitablauf) liquide?
- Wohin ist der erwirtschaftete „Cash" geflossen (z.B. wurde investiert, wurden Kredite getilgt usw.)?
- Wurde Cash aus dem eigentlichen Geschäftszweck erwirtschaftet oder z.B. aus dem Verkauf von Sachanlagen?

Was will der Bilanzleser wissen?

- Konnten Schulden getilgt werden, war es notwendig, Kredite aufzunehmen?

> **Grundsätzliche Frage:** Ist das Unternehmen finanziell gesund?

Ermittlungsmethoden

Ein Cash flow kann direkt oder indirekt ermittelt werden.

Direkte Methode: Hier wird von den direkten Ein- und Auszahlungen ausgegangen, z.B.

+/- Ein-/Auszahlungen von/an Kunden und Lieferanten

- Auszahlungen an Mitarbeiter und andere Beschäftigte

- Auszahlungen für Versicherungen/Steuern usw.

+/- Ein-/Auszahlungen aus Anlagenverkauf/für Investitionen

+/- Ein-/Auszahlungen für Kredite/Kredittilgung

usw.

Üblich ist die indirekte Ermittlungsmethode

Indirekte Methode: Die indirekte Methode ist die verbreitete Methode und geht vom Ergebnis des Unternehmens aus, dass in Folge um Ein-/Auszahlungen berichtigt wird, z.B.

Ergebnis

+ Abschreibungen

+/- Veränderung der Rückstellungen

+/- Verkauf Sachanlagen/Investitionen

+/- Ein-/Auszahlungen für Kredite/Kredittilgung

usw.

5.4 Kapitalflussrechnung

Beispiel für ein mögliches Grundschema einer Kapitalflussrechnung nach der indirekten Methode

In Mio. EUR

Operatives Ergebnis (EBIT)*	1.200
Ausgaben Ertragssteuern	-600
Abschreibungen Anlagevermögen	3.200
Veränderung langfristiger Rückstellungen	400
Gewinne aus Abgang von Anlagevermögen	-100
Brutto Cash flow	**4.100**
*Davon Discontinuing Operations***	*230*
Zunahme Vorräte	-50
Abnahme Forderungen aus Lieferungen und Leistungen	120
Zu-/Abnahme Verbindlichkeiten aus Lieferungen und Leistungen	-140
Veränderung übriges Nettoumlaufvermögen	125
Zufluss aus operativer Geschäftstätigkeit (Netto-Cash flow)	**4.155**
Davon Discontinuing Operations	*35*
Ausgaben für Sachanlagen	-1.650
Einnahmen aus dem Verkauf von Sachanlagen	1.640
Einnahmen aus dem Verkauf von Finanzanlagen	255
Ausgaben für Beteiligungserwerbe abzüglich übernommener Zahlungsmittel	-70
Zins- und Dividendeneinnahmen	365
Einnahmen/Ausgaben aus Wertpapieren	-80
Ab-/Zufluss aus investiver Tätigkeit	**460**
Davon Discontinuing Operations	*185*
Dividende der Bayer Ag und an Minderheitsgesellschafter	-660
Kreditaufnahme	1.620
Schuldentilgung	-1.930
Zinsausgaben	-780
Zu-/Abfluss aus Finanzierungstätigkeit	**-1.750**
Davon Discontinuing Operations	*150*
Zahlungswirksame Veränderung der Geschäftstätigkeit	**2.865**
Zahlungsmittel 1.1.	**767**
Veränderung Zahlungsmittel aus Konzernkreisänderungen	2
Veränderung Zahlungsmittel durch Wechselkursänderungen	-25
Zahlungsmittel 31.12.	**3.609**
Wertpapiere und Schuldscheine	130
Flüssige Mittel lt. Bilanz	**3.739**

* EBIT = **E**arnings **b**efore **I**nterestes and **T**axes = Ergebnis **vor** Zinsen und Steuern
** Discontinuing Operations = Geschäftseinheiten die eingestellt oder veräußert werden

Abbildung 5.4-1: Grundschema Kapitalflussrechnung

Immer prüfen, welches Ergebnis die Ausgangsbasis ist

Nun kann der Ergebnisausweis als Basis für die weiterführenden Berechnungen unterschiedlich erfolgen. Manche Unternehmen nehmen als Basis ein Ergebnis vor Zinsen und vor Steuern (Hinweis: Statt „vor" kann man auch „ohne" sagen bzw. denken). Andere weisen nach Zinsen aber vor Steuern aus, andere wiederum nach Zinsen und nach Steuern. Dies macht die Analyse von Kapitalflussrechnungen komplizierter; letztlich sind aber derartige Ausweise nur eine andere „Verpackung, das Ergebnis bleibt das Gleiche.

Folgende Abbildung zeigt die Zusammenhänge:

Ergebnisberechnungen vor und nach Zinsen und Steuern

	Vor Zinsen Vor Steuern "EBIT"	Nach Zinsen Vor Steuern	Nach Zinsen Nach Steuern
Ergebnisse	**1.200**	**420**	**-180**
Ausgaben Zinsen	0	780	780
Ausgaben Ertragssteuern	-600	-600	0
Abschreibungen Anlagevermögen	3.200	3.200	3.200
Veränderung langfristiger Rückstellungen	400	400	400
Gewinne aus Abgang von Anlagevermögen	-100	-100	-100
Brutto Cash flow (vor Zinsen, nach Steuern)	**4.100**	**4.100**	**4.100**
Zunahme Vorräte	-50	-50	-50
Abnahme Forderungen aus Lieferungen und Leistungen	120	120	120
Zu-/Abnahme Verbindlichkeiten aus Lieferungen und Leistungen	-140	-140	-140
Veränderung übriges Nettoumlaufvermögen	125	125	125
Zufluss aus operativer Geschäftstätigkeit (Netto-Cash flow) = vor Zinsen, nach Steuern	**4.155**	**4.155**	**4.155**
Zinsausgaben im Rahmen Zu-/Abfluss aus investiver Tätigkeit	-780	-780	-780

Abbildung 5.4-2: Ergebniszusammenhänge im Rahmen einer Kapitalflussrechnung

Zusammenfassung

Die Kapitalflussrechnung zeigt die Cash flow-Entwicklung des Unternehmens nach

- Geschäftstätigkeit
- Investitionstätigkeit
- Finanzierungstätigkeit.

Fragestellung ist: Wo ist Geld hergekommen und wohin ist es geflossen? Ziel ist die Beurteilung der „finanziellen Gesundheit" des Unternehmens.

Aufgaben

Aufgabe 1

Beantworten Sie folgende Fragen
1. Beschreiben Sie kurz den Grundgedanken des Cash flow
2. Welche Bereiche beleuchtet die Kapitalflussrechnung?
3. Nennen Sie drei Fragen, für die sich ein Leser einer Kapitalflussrechnung interessieren kann
4. Was ist ein EBIT (mit deutscher Übersetzung)?

Aufgabe 2

Bilden Sie aus folgenden Positionen einen hier verkürzten) Zufluss aus operativer Geschäftstätigkeit (Netto Cash flow):

Operatives Ergebnis (EBIT)	+ 200
Zunahme Vorräte	- 30
Ausgaben für Sachanlagen	- 45
Ausgaben für Ertragssteuern	- 10
Zins- und Dividendeneinahmen	+ 8
Abschreibungen auf das Anlagevermögen	+ 80
Veränderung langfristiger Rückstellungen	+ 25
Einnahmen aus dem Verkauf von Sachanlagen	+ 12
Dividendenzahlung	- 20
Tilgung von Krediten	- 15

5.5 Anhang und Segmentberichterstattung

Lernziel: Sie kennen die wesentlichen Inhalte des Anhanges und der Segmentberichterstattung nach IFRS.

Einstieg ins Thema

Die vorherigen geschilderten Kapitel von der Bilanz bis zur Kapitalflussrechnung stellen den Jahresabschluss in Zahlenform dar. Was fehlt, ist eine Erklärung zu den einzelnen Positionen, was die Nachvollziehbarkeit der Zahlen erschwert. Deswegen wird der Jahresabschluss regelmäßig durch einen Anhang (notes) ergänzt.

Einen Anhang kennt man bereits nach §§ 284 – 288 HGB. Danach werden z.B. Bilanzierungs- und Bewertungsmethoden, Verbindlichkeiten, Umsatzerlöse usw. erläutert. Die IFRS schreiben einen noch umfangreicheren Anhang als das HGB vor.

Nach IFRS ist bei börsennotierten Unternehmen eine Berichterstattung über die Geschäftsfelder des Unternehmens (Segmente) vorgeschrieben. Dies soll die Transparenz über das Unternehmen erhöhen.

Vertiefende Informationen

Der **Anhang** enthält nach IAS 1 mindestens folgende Inhalte:

Mindestinhalte des Anhangs

- Erläuterungen über die Grundlagen des Jahresabschlusses, insbesondere die Bilanzierungs- und Bewertungsmethoden
- Zusätzliche Informationen aus allen Abschlussbestandteilen (von der Bilanz bis zur Kapitalflussrechnung), die für die Darstellung eines den tatsächlichen Verhältnissen entsprechendes Bildes unerlässlich sind
- Informationen die von anderen IFRS verlangt werden und sonst an keiner anderen Stelle des Abschlusses erscheinen
- Sonstige Angaben, insbesondere zu Sachverhalten, die zeitlich über die Rechnungsperiode hinausgreifen.

BEISPIEL

Wenn ein Unternehmen Sachanlagen in der Bilanz ausweist, kennt der Bilanzleser nicht die Abschreibungsmethode oder erkennt, ob außerplanmäßige Abschreibungen oder Neubewertungen vorgenommen wurden. Er weiß also nicht, wie der Wert der Sachanlagen ermittelt wurde. Derartige Informationsdefizite soll der Anhang ausgleichen.

5.5 Anhang und Segmentberichterstattung

Ein Anhang muss systematisch aufgebaut sein und der Zusammenhang mit den übrigen Abschlussbestandteilen muss über Querverweise erkennbar sein.

Vorschrift: Systematischer Aufbau mit Querverweisen

Konkrete Inhalte eines Anhangs

Im folgenden werden einige wesentliche Anhanginhalte zu wichtigen Posten des Jahresabschlusses gezeigt (Auflistung nicht abschließend).

- Bilanz
  - Bewertungsmethoden
  - Anlagenspiegel
  - Aufstellung des Anteilsbesitzes
  - Risikoangaben bei Beteiligungen
  - Realisierungszeitpunkte bei Fertigungsaufträgen
  - Rücklagenbeschreibung
  - Dividendenvorschlag
  - Beschreibung der Rückstellungen (Rückstellungsspiegel)
  - Angabe von Eventualverpflichtungen
  - Aufstellung über wesentliche Verbindlichkeiten (einschl. Risiken, Sicherheiten)
  - Berechnung latenter Steuern (Angaben auch in der GuV)
- Gewinn- und Verlustrechnung
  - Aufschlüsselung von Aufwendungen (soweit nicht bereits in der GuV erfolgt)
  - Erläuterung von Korrekturen
  - Angabe der Gewinnrealisierungsmethode bei langfristigen Fertigungsaufträgen (z.B. percentage-of-completion)
  - Ergebnis je Aktie (bei börsennotierten Unternehmen).

Bei der Eigenkapitalveränderungsrechnung und Kapitalflussrechnung werden die Angaben im Anhang im Allgemeinen recht knapp gehalten.

Segmentberichterstattung

Nach § 285 Abs. 4 HGB wird eine erweiterte Berichterstattung verlangt, allerdings beschränkt sich diese nur auf wenige Punkte (z.B. Umsatzerlöse nach Geschäftsbereichen) und auch nur auf große Kapitalgesellschaften. Zwar ist diese Berichterstattung mit der Einführung des KonTraG (Gesetz zur Kontrolle und Transparenz im Unternehmensbereich) erweitert worden, aber die Segmentberichterstattung bleibt nach deutschem Recht wenig konkret.

Die **Segmentberichterstattung** nach IAS 14 beschränkt sich auf börsennotierte Unternehmen, geht aber dann weiter als die Regelungen des HGB. Zunächst werden zwei Arten von Segmenten unterschieden:

Segmentarten

- Geschäftssegmente: Hier wird in Produkte, Dienstleistungen, Kundengruppen o. Ä. getrennt
- Geographische Segmente: Z.B. Trennung nach Ländern, Kontinenten o. Ä.

Voraussetzung für die Bildung eines Segmentes ist, dass es eine gewisse Größenordnung erreicht (z.B. 10 % der Umsatzerlöse des Unternehmens). Je nach Wichtigkeit bzw. Risikoträchtigkeit unterscheidet man jetzt primäre und sekundäre Segmente.

Die Segmentberichterstattung fällt nach IFRS recht umfangreich aus

Nach IAS 14 sind folgende Informationen für ein gebildetes primäres Segment auszuweisen:

- Segmenterträge (z.B. Umsatzerlöse)
- Segmentergebnis (Gewinn/Verlust des Segmentes)
- Segmentvermögen (Vermögenswerte des Segmentes)
- Segmentinvestitionen (Sachanlagen und immaterielle Vermögenswerte)
- Segmentabschreibungen (Materielles und immaterielles Vermögen)
- Segmentschulden (direkt zurechenbar oder geschlüsselt)
- Zahlungswirksamer Aufwand/Ertrag (Cash flow-Informationen).

Für sekundäre Segmente gelten eingeschränkte Informationspflichten.

Überleitungsrechnung: Die Ergebnisse der einzelnen Segmente müssen aufsummiert (mit Korrekturbeträgen) wieder die Gesamtbilanz bzw. Gesamt-GuV des Unternehmens ergeben.

Zusammenfassung

Ein Anhang (notes) ist zwingender Bestandteil des Abschluss nach IFRS. Hier werden alle wesentlichen Zahlen aus den übrigen Abschlussbestandteilen zum Teil sehr ausführlich erläutert.

Ferner müssen nach IFRS börsennotierte Unternehmen eine Segmentberichterstattung vornehmen, das heißt, wesentliche Daten aus dem Jahresabschluss müssen auf die Geschäftsfelder (z.B. Produkte) des Unternehmens aufgeteilt werden, sodass der Bilanzleser Informationen über wesentliche wirtschaftlichen Eckdaten (z.B. Umsatz) der einzelnen Segmente erhält.

Aufgaben

Beantworten Sie folgende Fragen

1. Benennen Sie fünf mögliche Inhalte eines Anhangs
2. Geben Sie ein Beispiel, nach welchen Kriterien eine Segmentberichterstattung aufgebaut sein kann
3. Geben Sie drei Inhalte an, die im Rahmen eines primären Segmentes auszuweisen sind.

5.6 Eckpunkte der Konzernrechnungslegung

Lernziel: Sie lernen die wesentlichen Besonderheiten beim Aufstellen eines Konzernabschlusses und können einfache Abschlussschritte rechnen.

Einstieg ins Thema

Die IFRS sind in Deutschland insbesondere für Konzerne bedeutsam, das heißt, für Unternehmensverbindungen, die sich aus einem herrschenden und abhängigen Unternehmen zusammensetzen. Aufgabe einer Konzernrechnungslegung ist es, die diversen Einzelabschlüsse zusammen zu fassen. Dabei kann man nicht einfach z.B. die einzelnen Bilanz- oder GuV-Positionen der Einzelunternehmen addieren. Es gibt eine Reihe von Besonderheiten.

Vertiefende Informationen

Die Zusammenfassung der Abschlüsse mehrerer Konzernunternehmen nennt man auch **Konsolidierung**. Die Vorschriften sind in IAS 27 geregelt, es finden sich aber auch in einer Reihe von Details in anderen IFRS (z.B. IAS 22 Unternehmenszusammenschlüsse).

Die Aufstellung eines Konzernabschlusses ist regelmäßig eine komplexe Aufgabe des Rechnungswesens des Unternehmens in Verbindung mit der Wirtschaftsprüfung. Der Aufwand ist natürlich abhängig von der Konzernverflechtung; manche Konzerne müssen mehrere hundert Einzelunternehmen konsolidieren. Wichtige Schritte dabei sind:

Wesentliche Schritte bei der Konzernrechnungslegung

- Feststellung des Konsolidierungskreises
- Kapitalkonsolidierung
- Konsolidierung von Forderungen und Verbindlichkeiten bzw. Eliminierung von Zwischengewinnen.

Feststellung des Konsolidierungskreises

Mutter- und Töchterunternehmen bilden den Konsolidierungskreis

Ein Konzernabschluss setzt nach IAS 27 (wie auch nach § 290 HGB) ein „Mutter-Tochter-Verhältnis" voraus. Dies findet dadurch Ausdruck, dass es ein „herrschendes" und ein „beherrschtes" Unternehmen gibt. Das Mutterunternehmen und alle Töchterunternehmen werden in einen sog. Konsolidierungskreis zusammengefasst. Maßgeblich dabei ist, dass die Mutter eine Kontrolle über die Töchter ausübt, entweder

- durch Stimmrechtsmehrheit, d.h. ein Unternehmen besitzt z.B. die Mehrheit der Kapitalanteile an einem anderen Unternehmen
- ohne Stimmrechtsmehrheit, z.B. kann ein Unternehmen ein anderes durch eine Satzung, Vereinbarung oder andere Möglichkeiten kontrollieren.

Dieser Unternehmensverbund wird jetzt abrechnungstechnisch zusammengefasst und es entsteht der sog. Konsolidierungskreis.

Einfacher Konsolidierungskreis

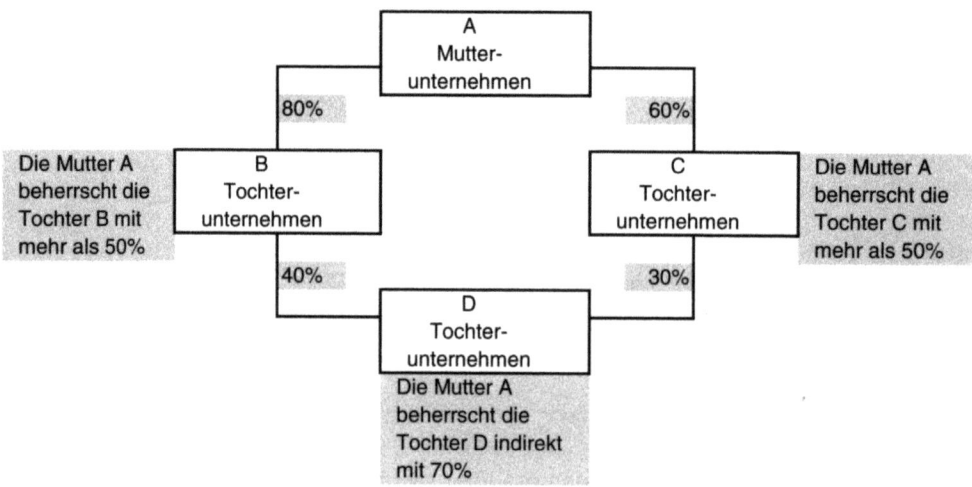

Abbildung 5-6-1: Einfacher Konsolidierungskreis

In den Konzernabschluss müssen nun die Einzelabschlüsse der Unternehmen A – D eingehen.

5.6 Eckpunkte der Konzernrechnungslegung

Kapitalkonsolidierung

Nun werden die Vermögenswerte und die Schulden von Mutter- und Tochterunternehmen rechnerisch zusammengeführt. Allerdings kann eine reine Addition des Eigenkapitals der Einzelunternehmen nicht das Gesamtkapital des Konzerns ergeben. Dies ergäbe Doppelzählungen, das Eigenkapital würde nach aussen überhöht dargestellt, es wäre aufgebläht. Also wird der Beteiligungswert (im Beispiel ohne Goodwill) gegen das Eigenkapital aufgerechnet.

Keine Doppelzählungen im Konzernverbund

Einfache Kapitalkonsolidierung ohne Goodwill

Beispiel: Die Mutter-AG hat die Tochter-AG zu einem Kaufpreis von 300.000 EUR erworben. Es ergibt sich folgende schematische Konzernbilanz:

	Mutterunternehmen	Tochterunternehmen	Summe	Umbuchungen Soll	Haben	Konzern
Beteiligung	300.000		300.000			300.000
Diverse Posten	16.000.000	300.000	16.300.000		300.000	16.000.000
Summen	16.300.000	300.000	16.600.000			16.300.000
Eigenkapital	16.300.000	300.000	16.600.000	300.000		16.300.000
Summen	16.300.000	300.000	16.600.000	300.000	300.000	16.300.000

Abbildung 5.6-2: Einfache Kapitalkonsolidierung ohne Goodwill

Die leitende dabei Idee ist, dass ein Konzern nach außen wie ein einheitliches Unternehmen dargestellt werden muss.

Behandlung eines Goodwill: Ein sog. Goodwill muss gesondert berücksichtigt werden: Beim Erwerb eines Tochterunternehmens erwirbt die Mutter mit dem Kaufpreis zunächst das Vermögen und die Schulden. Nun wird der Kaufpreis in der Regel nicht exakt in der Höhe Vermögen minus Schulden liegen. Man erwirbt mit dem Kaufpreis auch einen sog. Goodwill (siehe Kasten).

Häufig in der Praxis: Der Kaufpreis liegt über dem Vermögen minus Schulden

Vermögen	700.000
Schulden	400.000
Differenz	300.000
Kaufpreis	2.000.000
Goodwill	**1.700.000**

> **Goodwill:** Immaterielle Werte beim Kauf eines Unternehmens, z.B. Kundenstamm, Know how, Image. Ein Goodwill zeigt sich nicht im Wert der einzelnen Vermögensteile des Unternehmens sondern ist der Wert, den ein Erwerber bereit ist, über das Vermögen abzüglich der Schulden zu bezahlen.

Vermögenswerte (z.B. Anlagen) und Schulden (z.B. Verbindlichkeiten) von zwei Unternehmen kann man addieren, ein Goodwill kann aber nicht auf z.B. Anlage- oder Umlaufvermögen aufgeteilt werden. So ergibt sich ein Goodwill in einer Position, der als Firmenwert gezeigt wird.

Dieser Goodwill ist im Rahmen einer Beteiligung bezahlt worden und wird separat ausgewiesen.

Einfache Kapitalkonsolidierung

Beispiel: Die Mutter-AG hat die Tochter-AG zu einem Kaufpreis von 2.000.000 EUR erworben. Davon entfielen 1.700.000 EUR auf den Firmenwert.
Es ergibt sich folgende schematische Konzernbilanz:

	Mutter-unternehmen	Tochter-unternehmen	Summe	Umbuchungen Soll	Haben	Konzern
Firmenwert				1.700.000		1.700.000
Beteiligung	2.000.000		2.000.000		2.000.000	0
Diverse Posten	16.000.000	300.000	16.300.000			16.300.000
Summen	18.000.000	300.000	18.300.000			18.000.000
Eigenkapital	18.000.000	300.000	18.300.000	300.000		18.000.000
Summen	18.000.000	300.000	18.300.000	2.000.000	2.000.000	18.000.000

Abbildung 5.6-3: Einfache Kapitalkonsolidierung unter Berücksichtigung eines Goodwill

Wie **Beteiligungen im Einzelabschluss** gezeigt und bewertet werden, siehe Kapitel 5.1.2 Finanzvermögen.

Konsolidierung von Forderungen und Verbindlichkeiten bzw. Eliminierung von Zwischengewinnen.

Innerhalb eines Konzerns gibt es vielfältige Geschäftsbeziehungen: Interne Lieferungen, Kreditgewährungen usw. Würde man diese Posten nun einfach addieren, ergäbe sich eine unrealistische Aufblähung, denn es wäre ja unsinnig, die gegenseitigen Forderungen oder Ver-

5.6 Eckpunkte der Konzernrechnungslegung

bindlichkeiten zu summieren: Des einen Forderungen sind des anderen Verbindlichkeiten. Wieder unter der leitenden Idee, dass sich ein Konzern nach aussen als eine wirtschaftliche Einheit präsentieren muss, werden nun Forderungen und Verbindlichkeiten gegeneinander aufgerechnet. Den Bilanzleser interessiert letztlich nur, welche Forderungen und Verbindlichkeiten die wirtschaftliche Einheit, nämlich der Konzern als Ganzes, nach aussen hat.

Forderungen und Verbindlichkeiten dürfen nicht einfach summiert werden

Durch Beziehungen untereinander ergeben sich häufig Gewinne, z.B. wenn ein Konzernunternehmen einem anderen Waren über die eigenen Kosten verkauft. Dies ist die Regel, denn Konzernunternehmen werden häufig unter betriebswirtschaftlichen Gesichtspunkten als Profit-Center geführt und sollen für sich ein gutes Ergebnis erwirtschaften. Nun sind aber in diesem Fall die Erlöse des einen die Kosten des anderen und wird bei gegenseitiger Belieferung ein Gewinn in einem Konzernunternehmen erwirtschaftet, geht dies zu Lasten des Gewinns des anderes Konzernunternehmens. Diese sog. **Zwischengewinne** müssen eliminiert werden. Auch hier wäre es unsinnig, die Gewinne, die sich durch konzerninterne Beziehungen ergeben, zu addieren.

Keine Gewinnaufblähung im Konzern!

Konsolidierung von Forderungen, Verbindlichkeiten und Zwischengewinnen

Beispiel: Die Mutter ist an der Tochter zu 100% beteiligt.
Die Tochter liefert Ihre Produkte ausschließlich an die Mutter (das bedeutet, dass die Forderungen der Tochter von 160 nur gegenüber der Mutter bestehen, wo sie <u>als Teil</u> der Verbindlichkeiten ausgewiesen sind)
Der Gewinn von 80 bei der Tochter ist ausschließlich aus Geschäften mit der Mutter entstanden.

	Mutter	Tochter	Summe	Korrekturposten	Konzernbilanz
Anlagevermögen	800	300	1.100		1.100
Beteiligung	320	0	320	-320	0
Vorräte	300	150	450	-80	370
Forderungen	400	160	560	-160	400
Summe	1.820	610	2.430		1.870
Eigenkapital	1.200	320	1.520	-320	1.200
Gewinn	400	80	480	-80	400
Verbindlichkeiten	220	210	430	-160	270
Summe	1.820	610	2.430		1.870

Jetzt müssen folgende Korrekturen vorgenommen werden:
1. Zunächst die Kapitalkonsolidierung: Die Beteiligung (320) besteht nur konzernintern und wird bei einem einheitlichen Unternehmen eliminiert.
2. Die konzerninternen Forderungen und Verbindlichkeiten sind zu eliminieren, da ein einheitliches Unternehmen (was es durch den Konzernverbund geworden ist) keine Forderungen und Verbindlichkeiten gegen sich selbst haben kann. Die Forderung der Tochter (160) ist die Verbindlichkeit der Mutter.
3. Ein Zwischengewinn von 80 muss eliminiert werden, da dieser nur verrechnungstechnisch intern entstanden ist. Da dieser Gewinn auch den Wert der Vorräte bei der Mutter aufgebläht hat, müssen diese ebenfalls um diesen Gewinn reduziert werden.

Abbildung 5.6-4: Konsolidierung von Forderungen, Verbindlichkeiten und Zwischengewinnen

Anmerkung: *Alle Beispiele dieses Kapitels sind als einfachstes Grundschemata zu betrachten. Es gibt eine Reihe von Sonderfällen und unterschiedliche Behandlungsweisen nach IFRS und HGB.*

Zusammenfassung

Ein Konzern (Mutter- und Töchterunternehmen) muss sich nach außen als wirtschaftliche Einheit darstellen.

- Zunächst wird festgestellt, welche Unternehmen überhaupt als Konzern einen gemeinsamen Abschluss - Konzernbilanz mit allen anderen Abschlussbestandteilen nach IFRS - vorlegen müssen (Konsolidierungskreis).
- Dann folgen diverse Konsolidierungsschritte:
    - Das Kapital, Vermögen und Schulden müssen konsolidiert werden
    - Forderungen und Verbindlichkeiten müssen aufgerechnet werden
    - Zwischengewinne müssen eliminiert werden.

Wichtig ist immer, dass keine Doppelzählungen passieren.

Aufgaben

Aufgabe 1

Beantworten Sie folgende Fragen

1. Nennen Sie die wesentlichen Schritte im Rahmen der Konzernrechnungslegung
2. Warum muss eine Konsolidierung von Forderungen und Schulden erfolgen?
3. Was versteht man unter einem Goodwill?

Aufgabe 2

Die Bilanzen eines Konzerns zeigen vereinfacht folgendes Bild. Führen Sie die entsprechenden Konsolidierungsschritte bis zur Konzernbilanz durch, wobei folgende Prämissen zu beachten sind:

Beteiligung an der Tochter = 100 %

Die Tochter beliefert ausschließlich die Mutter

Der Gewinn der Tochter ist aus Geschäften mit der Mutter entstanden.

5.6 Eckpunkte der Konzernrechnungslegung

	Mutter	Tochter	Summe	Korrektur-posten	Konzern-bilanz
Anlagevermögen	900	700			
Beteiligung	600	0			
Vorräte	500	300			
Forderungen	300	200			
Summe	2.300	1.200			
Eigenkapital	1.300	600			
Gewinn	200	100			
Verbindlichkeiten	800	500			
Summe	2.300	1.200			

6. Beispiele aus der Unternehmenspraxis

Lernziel: Sie lernen die konkrete Anwendung der IFRS in der Rechnungslegungspraxis kennen.

IFRS IN DER RECHNUNGSLEGUNGSPRAXIS

Folgende Beispiele der Anwendung der International Financial Reporting Standards (IFRS) in der Praxis werden mit der freundlichen Genehmigung der genannten Unternehmen gezeigt.

MAN AG

(Auszug aus dem MAN Konzernabschluss 2003, S. 105 – 106)

> Dies ist ein Beispiel für Erläuterungen zum IFRS Konzernabschluss hinsichtlich der Unterschiede zum HGB Abschluss.

KONZERNANHANG

Allgemeine Grundsätze

Der Konzernabschluss der MAN Aktiengesellschaft für das Geschäftsjahr 1. Januar bis 31. Dezember 2003 ist nach den zum Bilanzstichtag geltenden International Financial Reporting Standards (IFRS; ehemals IAS) des International Accounting Standards Board (IASB) erstellt. Alle für das Geschäftsjahr 2003 geltenden Auslegungen und Interpretationen des International Financial Interpretations Committee (IFRIC) werden angewendet.

Der IFRS-Konzernabschluss steht im Einklang mit der 7. EU-Richtlinie. Mit dem Konzernabschluss nach IFRS hat die MAN Gruppe von dem im § 292a HGB vorgesehenen Wahlrecht Gebrauch gemacht, den Konzernabschluss nach international anerkannten Rechnungslegungsgrundsätzen aufzustellen und gleichzeitig auf die Aufstellung eines Konzernabschlusses nach deutschen Rechnungslegungsgrundsätzen zu verzichten.

Die Gleichwertigkeit des IFRS-Konzernabschlusses mit den deutschen handelsrechtlichen Anforderungen an die Konzernrechnungslegung ist insoweit gewährleistet, als die im IFRS-Abschluss angewandten Bilanzierungs- und Bewertungsmethoden mit folgenden Ausnahmen auch nach dem HGB zulässig sind:

- Gemäß IFRS werden Geschäfts- oder Firmenwerte über maximal 20 Jahre erfolgswirksam abgeschrieben. Nach HGB besteht ein Wahlrecht, sie mit den Gewinnrücklagen zu verrechnen.

- Nach IFRS besteht eine Ansatzpflicht für latente Steuern auf alle Differenzen zwischen den steuerlichen Wertansätzen und Konzernbilanzwertansätzen. Daneben sind auch aktive latente Steuern auf steuerliche Verlustvorträge abzugrenzen. Nach HGB sind nur auf alle zeitlich begrenzten Unterschiede zwischen den Wertansätzen in der Steuerbilanz und Konzernbilanz latente Steuern zu bilden.

- Gemäß IFRS ist der Ansatz von Rückstellungen im Vergleich zum HGB restriktiver geregelt. Aufwandsrückstellungen dürfen nicht angesetzt werden. Grundsätzlich ist die Bildung von Rückstellungen nur für Außenverpflichtungen zulässig. Ausnahmen stellen die Rückstellungen im Zusammenhang mit Unternehmenserwerben und Restrukturierungsmaßnahmen dar.

- Gemäß IFRS ist bei langfristigen Fertigungsaufträgen eine Gewinnrealisierung nach Leistungsfortschritt geboten („percentage of completion method"). Nach HGB kann grundsätzlich die Gewinnrealisation bei langfristigen Fertigungsaufträgen erst nach Lieferung und Abnahme des Gesamtauftrags erfolgen („completed contract method").

- Entwicklungskosten für neu entwickelte Produkte und Baureihen werden gemäß IFRS unter bestimmten Voraussetzungen als Immaterielle Vermögenswerte aktiviert, nach HGB besteht ein Bilanzierungsverbot für selbst erstellte Immaterielle Vermögensgegenstände.

- Finanzinstrumente werden nach IFRS zu Marktwerten am Bilanzstichtag angesetzt mit der Konsequenz, dass dort enthaltene Reserven je nach Klassifizierung erfolgswirksam vereinnahmt oder erfolgsneutral ausgewiesen werden. Nach HGB werden sie zu Anschaffungskosten, ggf. nach Abschreibung auf den niedrigeren beizulegenden Wert, bewertet.

Angaben und Erläuterungen, die die IFRS und das deutsche Handelsrecht für den Konzernabschluss vorsehen, sind entweder in der Bilanz bzw. Gewinn- und Verlustrechnung oder im Anhang berücksichtigt.

Um einen besseren Einblick in die Vermögens- Finanz- und Ertragslage der MAN Gruppe zu ermöglichen, wurde der Konzernabschluss um eine Unterteilung der Zahlen in das Industrielle Geschäft und in die Finanzdienstleistungen ergänzt. Der Bereich Finanzdienstleistungen, das ist die MAN Financial Services, erbringt Dienstleistungen für Kunden und Konzernunternehmen auf den Gebieten der Absatz- und der Investitionsfinanzierung mit Schwerpunkt auf dem Kundenleasing von Nutzfahrzeugen. Die Eliminierungen von konzerninternen Geschäften zwischen dem Industriellen Geschäft und den Finanzdienstleistungen sind dem Industriellen Geschäft zugeordnet.

Der SMS-Verbund ist nach Veräußerung der Anteile zum 30. September 2003 aus der MAN Gruppe ausgeschieden. Seinen Beitrag zum MAN-Konzernabschluss 2003 und 2002 haben wir gemäß IAS 35 als „Ausgeschiedene Bereiche" gesondert gezeigt.

Im Vergleich zum Vorjahr wurden zwei Ausweisänderungen vorgenommen:

- Passive latente Steuern werden nicht mehr in den Rückstellungen, sondern in einer eigenen Position nach den Verbindlichkeiten ausgewiesen.
- In der Kapitalflussrechnung werden innerhalb des Mittelzuflusses aus Geschäftstätigkeit die Cash Earnings gesondert ausgewiesen. Diese zeigen aus dem Jahresergebnis resultierende Mittelveränderung.

Aus Gründen der Vergleichbarkeit sind die Vorjahreszahlen entsprechend angepasst.

Salomon Adidas

(Auszüge aus dem adidas Salomon Geschäftsbericht 2003
(adidas Salomon Annual Report 2003), S. 122-125 und S. 145-148)

adidas Salomon Konzernabschluss (IFRS) 2003 / Consolidated Financial Statements 2003

KONZERNBILANZ / CONSOLIDATED BALANCE SHEET

in Tsd. EUR / EUR in thousands	31. Dez. 2003	31. Dez. 2002	Veränderung in %
Flüssige Mittel / Cash and cash equivalents	189.503	67.455	180,9
Kurzfristige Finanzanlagen / Short-term financial assets	89.411	8.501	951,8
Forderungen aus Lieferungen und Leistungen / Accounts receivable	1.075.092	1.292.667	-16,8
Vorräte / Inventories	1.163.518	1.189.933	-2,2
Sonstige kurzfristige Vermögensgegenstände / Other current assets	259.427	267.435	-3,0
Kurzfristige Aktiva / Total current assets	**2.776.951**	**2.825.991**	**-1,7**
Sachanlagen, netto / Property, plant and equipment, net	344.554	365.756	-5,8
Geschäfts- oder Firmenwerte, netto / Goodwill, net	591.045	638.742	-7,5
Sonstige immaterielle Vermögensgegenstände, netto / Other intangible assets, net	103.797	115.495	-10,1
Langfristige Finanzanlagen / Long-term financial assets	88.408	87.474	1,1
Latente Steueransprüche / Deferred tax assets	178.484	169.692	5,2
Sonstige langfristige Vermögensgegenstände / Other non-current assets	104.569	57.661	81,4
Langfristige Aktiva / Total non-current assets	**1.410.857**	**1.434.820**	**-1,7**
AKTIVA / Total assets	**4.187.808**	**4.260.811**	**-1,7**
Verbindlichkeiten aus Lieferungen und Leistungen / Accounts payable	592.273	668.461	-11,4
Rückstellungen für Ertragsteuern / Income taxes	157.764	112.461	40,3
Sonstige Rückstellungen / Accrued liabilities and provisions	454.573	450.748	0,8
Sonstige kurzfristige Verbindlichkeiten / Other current liabilities	139.095	148.959	-6,6
Kurzfristige Passiva / Total current liabilities	**1.343.705**	**1.380.629**	**-2,7**
Langfristige Finanzverbindlichkeiten / Long-term borrowings	1.225.385	1.574.046	-22,2
Pensionen und ähnliche Verpflichtungen / Pensions and similar obligations	105.264	98.959	6,4
Latente Steuerschulden / Deferred tax liabilities	65.807	51.398	28,0
Sonstige langfristige Verbindlichkeiten / Other non-current liabilities	35.278	18.907	86,6
Langfristige Passiva / Total non-current liabilities	**1.431.734**	**1.743.310**	**-17,9**
Ausgleichsposten für Anteile anderer Gesellschafter / Minority interests	56.579	55.513	1,9
Eigenkapital / Shareholders' equity	1.355.790	1.081.359	25,4
PASSIVA / Total liabilities, minority interests and shareholders' equity	**4.187.808**	**4.260.811**	**-1,7**

6. Beispiele aus der Unternehmenspraxis

Salomon Adidas

(Auszüge aus dem adidas Salomon Geschäftsbericht 2003
(adidas Salomon Annual Report 2003), S. 122-125 und S. 145-148)

adidas Salomon Konzernabschluss (IFRS) 2003 / Consolidated Financial Statements 2003

KONZERNGEWINN- UND VERLUSTRECHNUNG	CONSOLIDATED INCOME STATEMENT	1. Januar bis 31. Dezember 2003	2002	Veränderung in %
in Tsd. EUR	EUR in thousands			
Umsatzerlöse	Net sales	6.266.800	6.523.419	-3,9
Umsatzkosten	Cost of sales	3.453.132	3.704.269	-6,8
Rohergebnis	**Gross profit**	**2.813.668**	**2.819.150**	**-0,2**
Vertriebs-, Verwaltungs- und allgemeine Aufwendungen	Selling, general and administrative expenses	2.228.135	2.245.383	-0,8
Abschreibungen (ohne Geschäfts- oder Firmenwerte)	Depreciation and amortization (excl. Goodwill)	95.519	97.147	-1,7
Betriebsergebnis	**Operating profit**	**490.014**	**476.620**	**2,8**
Abschreibungen auf Geschäfts- oder Firmenwerte	Goodwill amortization	44.809	45.396	-1,3
Lizenz- und Provisionserträge	Royalty and commission income	42.153	46.006	-8,4
Finanzaufwendungen, netto	Financial expenses, net	49.170	87.116	-43,6
Gewinn vor Steuern	**Income before taxes**	**438.188**	**390.114**	**12,3**
Ertragssteuern	Income taxes	166.712	147.862	12,7
Gewinn vor Ergebnisanteilen anderer Gesellschafter	**Net income before minority interests**	**271.476**	**242.252**	**12,1**
Ergebnisanteile anderer Gesellschafter	Minority interests	-11.391	-13.681	-16,7
Jahresüberschuss	**Net income**	**260.085**	**228.571**	**13,8**
Unverwässertes Ergebnis je Aktie (in EUR)	Basic earnings per share (in EUR)	5,72	5,04	13,6
Verwässertes Ergebnis je Aktie (in EUR)	Diluted earnings per share (in EUR)	5,72	5,04	13,6

Salomon Adidas

(Auszüge aus dem adidas Salomon Geschäftsbericht 2003
(adidas Salomon Annual Report 2003), S. 122-125 und S. 145-148)

adidas Salomon Konzernabschluss (IFRS) 2003 / Consolidated Financial Statements 2003

KONZERNKAPITALFLUSSRECHNUNG / CONSOLIDATED STATEMENT OF CASH FLOWS

		1. Januar bis 31. Dezember	
in Tsd. EUR	EUR in thousands	2003	2002
Laufende Geschäftstätigkeit:	**Operating activities:**		
Gewinn vor Steuern	Income before taxes	438.188	390.114
Anpassungen für:	Adjustments for:		
Abschreibungen (ohne Geschäfts- oder Firmenwerte)	Depreciation and amortization (incl. Goodwill)	155.169	159.527
Unrealisierte Währungsverluste, netto	Unrealizes foreign exchange losses, net	22.114	65.436
Zinserträge	Interest income	-8.747	-8.784
Zinsaufwendungen	Interest expense	67.884	81.568
Erträge aus Sachanlagenabgang, netto	Gains on sale of property, plant and equipment, net	-1.839	-6.569
Betriebliches Ergebnis vor Änderungen im Nettoumlaufvermögen	**Operating profit before working capital changes**	672.769	681.292
Abnahme/Zunahme der Forderungen und sonstigen kurzfristigen Vermögensgegenstände	Decrease/(Increase) in receivables and other current assets	194.244	-176.339
Zunahme/Abnahme der Vorräte	(Increase)/Decrease in inventories	-10.623	1.942
Abnahme/Zunahme der Lieferantenverbindlichkeiten und sonstigen kurzfristigen Verbindlichkeiten	(Decrease)/Increase in accounts payable and other current liabilities	-25.000	273.898
Mittelzufluss aus betrieblicher Geschäftstätigkeit	**Cash provided by operations**	831.390	780.793
Zinszahlungen	Interest paid	-60.162	-79.149
Zahlungen für Ertragssteuern	Income taxes paid	-120.260	-167.581
Mittelzufluss aus laufender Geschäftstätigkeit	**Net cash provided by operations activities**	650.968	534.063
Investitionstätigkeit:	**Investing activities:**		
Erwerb von Geschäfts- oder Firmenwerten und sonstigen immateriellen Vermögensgegenständen	Purchase of goodwill and other intangible assets	-35.032	-150.647
Erwerb von Sachanlagevermögen	Purchase of property, plant and equipment	-109.673	-114.133
Einzahlungen aus dem Abgang von Sachanlagevermögen	Proceeds from sale of property, plant and equipment	28.347	10.937
Erwerb von Tochtergesellschaften abzüglich erworbener flüssiger Mittel	Acquisition of subsidiaries net of cash acquired	0	-19.623
Erwerb einer 10%igen Beteiligung an der FC Bayern München AG	Acquisition of a 10% participation in FC Bayern München AG	0	-76.972
Zugang/Abgang von kurzfristigen Finanzanlagen	(Increase)/Decrease in short-term financial assets	-80.584	9.662
Zugang/Abgang von Finanzanlagen und sonstigen langfristigen Vermögensgegenständen	(Increase)/Decrease in investments and other long-term assets	-49.770	16.757
Erhaltene Zinsen	Interest received	8.747	8.784
Mittelabfluss aus Investitionstätigkeit	**Net cash used in investing activities**	-237.965	-315.235
Finanzierungstätigkeit:	**Financing activities**		
Abnahme/Zunahme der lfr. Finanzverbindlichkeiten	(Decrease)/Increase in long-term borrowings	-617.598	144
Einzahlungen aus der Emission einer Wandelanleihe	Proceeds from issue of convertible bond	391.965	0
Dividende der adidas-Salomon AG	Dividends of adidas-Salomon AG	-45.423	-41.721
Dividenden an Minderheitsaktionäre	Dividends to minority shareholders	-5.022	-3.341
Ausgeübte Aktienoptionen	Exercised share options	2.257	4.534
Abnahme der kurzfristigen Finanzverbindlichkeiten	Decrease in short-term borrowings	-273.821	-166.369
Mittelabfluss aus der Finanzierungstätigkeit	**Net cash used in financing activities**	-547.642*	-206.753
Wechselkursbedingte Veränderungen des Finanzmittelbestands	Effect of exchange rates on cash	-17.134	-9.770
Zunahme des Finanzmittelbestands	Increase in cash and cash equivalents	122.048	2.305
Finanzmittelbestand am Anfang des Jahres	Cash and cash equivalents at beginning of year	67.455	65.150
Finanzmittelbestand am Ende des Jahres	**Cash and cash equivalents at year-end**	189.503	67.455

6. Beispiele aus der Unternehmenspraxis

Salomon Adidas

(Auszüge aus dem adidas Salomon Geschäftsbericht 2003
(adidas Salomon Annual Report 2003), S. 122-125 und S. 145-148)

adidas Salomon Konzernabschluss (IFRS) 2003/ Consolidated Financial Statements 2003

KONZERNEIGENKAPITALENTWICKLUNG / CONSOLIDATED STATEMENT OF CHANGES IN EQUITY

in Tsd. EUR / EUR in thousands	Grundkapital / Share capital	Kapitalrücklage / Capital reserve	Kumulierte Währungsumrechnung / Cumulative translation adjustments	Marktwertbewertung von Finanzinstrumenten / Fair values of financial instruments	Gewinnrücklage / Retained earnings	GESAMT / TOTAL
31. Dezember 2001 / Balance at December 31, 2001	**116.094**	**7.557**	**9.638**	**17.727**	**863.597**	**1.014.613**
Jahresüberschuss / Net income					228.571	228.571
Dividendenzahlung / Dividend payment					-41.721	-41.721
Ausgeübte Aktienoptionen / Exercised share options	188	4.346				4.534
Nettoverlust aus der Absicherung von cashflows, netto nach Steuern / Net loss on cash flow hedges, net of tax				-59.730		-59.730
Nettogewinn aus der Absicherung von Nettoinvestitionen in ausländischen Tochtergesellschaften, netto nach Steuern / Net gain on net investments in foreign subsidiaries, net of tax				1.473		1.473
Währungsänderung / Currency translation			-66.381			-66.381
31. Dezember 2002 / Balance at December 31, 2002	**116.282**	**11.903**	**-56.743**	**-40.530**	**1.050.447**	**1.081.359**
Jahresüberschuss / Net income					260.085	260.085
Dividendenzahlung / Dividend payment					-45.423	-45.423
Ausgeübte Aktienoptionen / Exercised share options	80	2.177				2.257
Kapitalkomponente der Wandelanleihe / Equity component of convertible bond		114.353				114.353
Nettoverlust aus der Absicherung von cashflows, netto nach Steuern / Net loss on cash flow hedges, net of tax				-1.558		-1.558
Nettogewinn aus der Absicherung von Nettoinvestitionen in ausländischen Tochtergesellschaften, netto nach Steuern / Net gain on net investments in foreign subsidiaries, net of tax				1.481		1.481
Währungsänderung / Currency translation			-56.764			-56.764
31. Dezember 2003 / Balance at December 31, 2003	**116.362**	**128.433**	**-113.507**	**-40.607**	**1.265.109**	**1.355.790**

Salomon Adidas

(Auszüge aus dem adidas Salomon Geschäftsbericht 2003
(adidas Salomon Annual Report 2003), S. 122-125 und S. 145-148)

adidas Salomon Konzernabschluss (IFRS) 2003/ Consolidated Financial Statements 2003

Auszug SEGMENTINFORMATION NACH REGIONEN / SEGMENTAL INFORMATION BY REGION

2003 in Mio. EUR / EUR in millions	Europa / Europe	Nordamerika / North America	Asien / Asia	Lateinamerika / Latin America	Zentralbereiche/ Konsolidierung / Headquarter/ Consolidation	adidas-Salomon
Nettoumsatzerlöse / Net sales	3.391	1.609	1.121	179	2.640	8.940
Innenumsätze / Intersegment sales	-26	-47	-5	0	-2.595	-2.673
Nettoumsatzerlöse (mit Dritten) / Net sales third parties	3.365	1.562	1.116	179	45	6.267
Rohergebnis / Gross profit	1.383	552	525	70	284	2.814
in % der Nettoumsatzerlöse / in % of net sales	40,8	34,3	46,8	38,9		44,9
Betriebsergebnis / Operating profit	534	92	191	25	-352	490
Vermögen / Assets	1.428	778	447	93	1.442	4.188
Fremdkapital / Liabilities	712	419	248	55	1.341	2.775
Investitionen / Capital expenditure	44	22	12	1	43	122
Abschreibungen (ohne Geschäfts- oder Firmenwerte) / Amortization an depreciation excl. Goodwill amortization	30	21	14	1	30	96

7. Vergleich HGB / IFRS

Lernziel: Sie werden die wichtigsten Unterschiede zwischen den Rechnunglegungssystemen HGB und IFRS kennen lernen.

Themenbereich	IFRS	HGB
Allgemeine Informationen		
Zuständigkeit für die Entwicklung der Rechnungslegungsvorschriften	International Accounting Standards Board (IASB), eine internationale, nicht-staatliche, unabhängige Organisation	Gesetzgeber (Bundesministerium der Justiz)
Vorrangiges Rechnungslegungsziel	Informationsvermittlung für wirtschaftliche Entscheidungen	Gewinnermittlung
Im Vordergrund steht	Anlegerschutz	Gläubigerschutz
Rechtssystem	Case Law	Code Law
Verhältnis Handelsbilanz zu Steuerbilanz	Strikte Trennung zwischen Handelsbilanz und Steuerbilanz	Maßgeblichkeit der Handelsbilanz für die Steuerbilanz
Geltungsbereich	weltweit; Pflicht für Konzernabschluss börsennotierter Unternehmen in Deutschland ab 01.01.2005; (bei Anwendung der US-GAAP Frist bis 01.01.2007); evtl. Anwendungsmöglichkeit der IFRS für alle Konzern- und Einzelabschlüsse in Deutschland (lt. Entwurf Bilanzrechtsreformgesetz BilReG)	Pflicht für den Einzelabschluss deutscher Unternehmen; Pflicht für den Konzernabschluss nicht börsennotierter Unternehmen
Rechnungslegungsprinzipien		
Annahme der Fortführung der Unternehmenstätigkeit	Ja	Ja
Dominierende Rechnungslegungsgrundsätze	Periodengerechte Erfolgsermittlung	Vorsichtsprinzip; Realisations- und Imparitätsprinzip

Themenbereich	IFRS	HGB
Generalnorm	fair presentation, true and fair view Durch den IFRS-Abschluss soll eine angemessene Darstellung der wirtschaftlichen Lage eines Unternehmens erreicht werden.	Der Jahresabschluss nach HGB hat unter Beachtung der Grundsätze ordnungsmäßiger Buchführung ein den tatsächlichen Verhältnissen entsprechendes Bild der Vermögens-, Finanz und Ertragslage zu vermitteln.
Bewertungsgrundsätze		
bei Zugang	Anschaffung- bzw. Herstellungskosten	Anschaffung- bzw. Herstellungskosten
Folgebewertung	Zeitwerte, fortgeschriebene Anschaffungskosten	Strenges und gemildertes Niederstwertprinzip mit Wertaufholungsgebot und Anschaffungskosten als Wertobergrenze
Wahlrechte	Wenige Wahlrechte, wenig Gestaltungsmöglichkeiten	Viele Wahlrechte und großer Gestaltungsspielraum
Ansatzvorschriften		
Definition asset und Vermögensgegenstand	asset (Vermögenswert) umfasst mehr als der Begriff Vermögensgegenstand des HGB	Vermögensgegenstand
Definition liability und Schulden	liability (Schulden) ist enger gefaßt als der Schuldenbegriff des HGB	Schulden
Anschaffungs- oder Herstellkosten	Keine Wahlrechte bei den Herstellungskosten	Pflicht- und Wahlbestandteile bei den Herstellungskosten
Grundsätze der Rechnungslegung	ausführlich im Rahmenkonzept beschrieben	Grundsätze ordnungsmäßiger Buchführung GoB
Bestandteile und Gliederung des Jahresabschlusses		
Bestandteile des Jahresabschlusses	• Bilanz • Gewinn- und Verlustrechnung • Eigenkapitalveränderungsrechnung • Kapitalflussrechnung • Bilanzierungs- und Bewertungsmethoden und erläuternder Anhang	• Bilanz • Gewinn- und Verlustrechnung • Anhang (nur Kapitalgesellschaften) Bei börsennotierten Unternehmen auch • Kapitalflussrechnung • Segmentberichterstattung

Themenbereich	IFRS	HGB
Bestandteile des Jahresabschlusses	Bei börsennotierten Unternehmen auch • Segmentberichterstattung Ergebnis je Aktie	
Lagebericht	Nicht vorgeschrieben, aber empfohlen	Bei Kapitalgesellschaften vorgeschrieben
Gliederung	Mindestgliederung vorgeschrieben	Verbindliche Bilanzgliederung für Kapitalgesellschaften
Vorjahreszahlen	Vorjahreszahlen sind für alle Elemente des Jahresabschlusses, auch im Anhang, anzugeben.	Vorjahreszahlen sind für die Bilanz und die Gewinn- und Verlustrechnung anzugeben.
Posten der Bilanz		
Immaterielle Vermögensgegenstände: Selbst erstellt	Aktivierungsgebot (z.B. Entwicklungskosten), bei Erfüllung bestimmter Voraussetzungen	Aktivierungsverbot
Erworbene	Aktivierungsgebot	Aktivierungsgebot
Geschäfts- oder Firmenwert „Goodwill"	muss aktiviert werden	kann/darf aktiviert werden oder als Aufwand sofort zu verrechnen
Sachanlagen	Neubewertung über die Anschaffungs- und Herstellungskosten hinaus erlaubt (Zeitwert/ Fair Value). Die Neubewertung erfolgt erfolgsneutral	Bewertungsobergrenze: Anschaffungs- und Herstellungskosten;
	Lineare AfA-Methode dominiert, zulässig sind aber auch andere Methoden	Alle gängigen AfA-Methoden zulässig

Themenbereich	IFRS	HGB
Posten der Bilanz		
Finanzanlagen, Wertpapiere des Umlaufvermögens	Wertpapiere, die jederzeit veräußerbar sind (available-for-sale) oder zu Handelszwecken gehalten werden (trading securities) sind bei der Folgebewertung mit dem beizulegenden Zeitwert (Fair Value) zu bewerten. Bis zur Endfälligkeit gehaltene Finanzinvestitionen (held-to-maturity investments) sind mit den fortgeführten Anschaffungskosten zu bewerten; Wertaufholungsgebot	Finanzanlagen müssen bei dauernder Wertminderung abgeschrieben werden; ein Abschreibungswahlrecht gilt bei vorübergehender Wertminderung (gemildertes Niederstwertprinzip). Wertpapiere des Umlaufvermögens müssen bei WErtminderung abgeschrieben werden (strenges Niederstwertprinzip); Wertaufholungsgebot
Vorräte	Vollkosten	Einzel- oder Vollkosten
Langfristige Fertigungsaufträge	Umsätze und die dazugehörigen Aufwendungen sind entsprechend dem Grad der Fertigstellung zum Abschlußstichtag erfolgswirksam zu erfassen (Percentage-of-Completion-Methode)	Realisationsprinzip: Es dürfen nur Gewinne ausgewiesen werden, die am Bilanzstichtag schon realisiert sind, d.h. Erfolgsausweis erst bei Abschluss des Auftrages.
Forderungen	Außerplanmäßige Abschreibung bei Ausfallrisiko (Einzelwertberichtigung) Keine Pauschalwertberichtigung	Außerplanmäßige Abschreibung bei Ausfallrisiko (Einzelwertberichtigung) Pauschalwertberichtigung möglich
Eigenkapital, eigene Anteile	Sind vom Eigenkapital abzusetzen	Zu aktivieren
Pensionsrückstellungen Altzusagen (vor 1997)	Passivierungsgebot	Passivierungswahlrecht
Bewertung	Auf Basis des zukünftigen Gehalts (Karrieretrends)	In der Regel auf der Basis des aktuellen Gehaltes
Rückstellungen	Nur Rückstellungen für Außenverpflichtungen (rechtliche oder faktische); keine Aufwandsrückstellungen	Aufwandrückstellungen: Pflichtansatz oder Wahlrecht; großer Ermessensspielraum

Themenbereich	IFRS	HGB
Posten der Bilanz		
Verbindlichkeiten	Grundsätzlich: Rückzahlungsbetrag; Ansatzverbot für Disagio, Zuschreibung nach Effektivzinsmethode	Verbindlichkeiten sind in der Regel mit dem Rückzahlungsbetrag anzusetzen; Aktivierungswahlrecht für Disagio
Latente Steuern	Bilanzierungsgebot	Bilanzierungsgebot nur für passive latente Steuern Wahlrecht für aktive latente Steuern
Rechnungsabgrenzungsposten	Pflicht	Pflicht
Konzernabschluss		
Aufstellungspflicht	ja	nur für Kapitalgesellschaften, es gibt größenabhängige Befreiungen
Konsolidierungskreis	Alle Tochterunternehmen, auf die das Mutterunternehmen einen beherrschenden Einfluß ausübt. Einbeziehungsverbot bei Veräußerungszweck	Alle Tochterunternehmen, die unter einheitlicher Leitung stehen oder auf die ein beherrschender Einfluß ausgeübt werden kann. Einbeziehungswahlrechte und -verbote
Erstkonsolidierungszeitpunkt Tochterunternehmen	Erstkonsolidierung mit den Wertverhältnissen zum Zeitpunkt des Erwerbs	Erwerbszeitpunkt wie IFRS oder zum Stichtag der erstmaligen Einbeziehung des Tochterunternehmens in den Konzernabschluss
Vereinfachungen (Konsolidierungskreis, Ergebniseliminierung etc.)	eingeschränkt zulässig	eingeschränkt zulässig
Weitere Informationen		
Gewinn- und Verlustrechnung	Umsatzkostenverfahren oder Gesamtkostenverfahren	Umsatzkostenverfahren oder Gesamtkostenverfahren
Kapitalflussrechnung	Eine Kapitalflussrechnung ist Pflicht, die Posten sind vorgegeben	Eine Kapitalflussrechnung ist nur für börsennotierte Unternehmen Pflicht; die Posten sind nicht vorgegeben
Anhang (notes)	Umfangreiche Angabepflichten Zusätzliche Informationen im Sinne der fair presentation	Angaben, die der Ergänzung oder Richtigstellung dienen

Themenbereich	IFRS	HGB
Weitere Informationen		
Zwischenberichte	Ein Zwischenbericht wird für börsennotierte Unternehmen mindestens auf Halbjahresbasis mit folgendem Inhalt empfohlen: • Verkürzte Bilanz u. GuV • Verkürzte Eigenkapitalentwicklungsrechnung • Verkürzte Kapitalflussrechnung • Ausgewählte erläuternde Anhangsangaben	Keine Vorschriften lt. HGB Gemäß Börsenzulassungsgesetz ist ein Zwischenbericht, d.h. ein Halbjahresbericht mit ausgewählten Unternehmensdaten zu veröffentlichen (kein Abschluss).

8. Arbeitshilfen zur Umstellung von HGB auf IFRS

Lernziel: Mit dieser Auswahl an Arbeitshilfen lernen Sie die konkrete Umstellung von HGB auf IFRS kennen.

Projektplan zur Umstellung der Rechnungslegung von HGB auf IFRS

Der folgende Projektablauf für ein Umstellungsprojekt der Rechnungslegung von HGB auf IFRS soll als Orientierung dienen. Der Umstellungsprozess ist abhängig von den Zielen und der Branche des Unternehmens. Jedes Unternehmen muss seine unternehmensspezifischen Rahmenbedingungen und Anforderungen in den Projektplan einarbeiten.

Für diesen beispielhaften Projektablaufplan wurde als Grundlage ein einfaches Projektphasenmodell gewählt: Start – Durchführung – Abschluss. Letztendlich sind andere Vorgehensmodelle Variationen dieses einfachen Modells.

Schwerpunkte der einzelnen Phasen sind:

Projektstart

- **Analyse der Ausgangssituation, Rahmenbedingungen**
    - Welche gesetzlichen Vorgaben gibt es? Festlegung der optimalen Anpassungsalternative: Überleitungsrechnung oder vollständiger internationaler Abschluss?
    - Wie ist die Unternehmensstruktur bzw. die Struktur des Unternehmensverbundes?
    - Gibt es landesspezifische Anforderungen?
    - Analyse der bisherigen Jahresabschlüsse, Geschäftstätigkeit, Prozesse, IT-Umfeld etc.
    - Vorläufige Abweichungsanalyse IFRS – HGB; welche Auswirkungen sind auf einzelne Bilanzpositionen zu erwarten?
- **Zieldefinition**: Ziele und Termin der IFRS-Einführung
- **Projektgrobplanung**
    - Projektbeteiligte festlegen
    - Evtl. externe Berater auswählen
    - Gibt es Abhängigkeiten zu anderen Projekten oder Themen?
    - Mit welcher IT-Technik und –Infrastruktur erfolgt die Umstellung auf IFRS. Wird neue Hardware/Software benötigt?

> Organisatorische Rahmenbedingungen festlegen, wer wird für das Projekt freigestellt? Wer übernimmt die Projektleitung?

> Projektgrobplan erstellen mit Meilensteinplanung (Planung der wesentlichen Projektabschnitte)

Projektdurchführung

- **Projekt Kick-off (Einführungsveranstaltung)**
- **Projektfeinplanung**
  > Projektbeteiligte festlegen
  > Schulungsplan erstellen
  > Erstellung von Fachkonzepten u.a. für Bilanzierungsrichtlinien, Kontenplan, kritische Umstellungsbereiche, Bewertungsänderungen, Tochtergesellschaften, Konsolidierung, Segmentberichterstattung, Finanzinstrumente, Anhangsangaben, Umsatzkostenverfahren, Berichtswesen, Internes Rechnungswesen
- **Aufgabendurchführung**
  > Schulungen durchführen
  > Umsetzung der Fachkonzepte
  > Anpassung der kaufmännischen Software
- **Laufende Überwachung der Zielerreichung**
  > Projektmanagement
  > Qualitätsmanagement

Projektabschluss

- Produktivstart IFRS
- Projektabnahme
- Dokumentation der Umstellungsergebnisse
- Evtl. Nachbetreuung durch externe Berater und Unterstützung bei künftigen Anpassungen an neue Regelungen

Überleitung von HGB auf IFRS

Um die HGB-Werte zu den IFRS-Werten überzuleiten, empfiehlt es sich, je Bilanzposition vorzugehen. Das heißt, es werden die Werte nach HGB dargestellt und die Veränderungen zu den IFRS-Werten aufgezeigt. Im folgenden ist beispielhaft eine Übersicht über eine Bilanz nach HGB und IFRS erstellt, in der die Veränderungen bei den einzelnen Bilanzpositionen abgebildet werden können. Diese Veränderungen können von Unternehmen zu Unternhemen variierren. Die Beispieldarstellung ist dann unternehmensindividuell entsprechend anzupassen.

Übersicht Bilanz HBG - IFRS

AKTIVA	IFRS 01.01.-31.12.20..	HGB 01.01.-31.12.20..	Veränderung	PASSIVA	IFRS 01.01.-31.12.20..	HGB 01.01.-31.12.20..	Veränderung
Anlagevermögen	EUR	EUR	EUR	**Kapital und Rücklagen**	EUR	EUR	EUR
Immaterielle Vermögensgegenstände	EUR	EUR	EUR	Gezeichnetes Kapital	EUR	EUR	EUR
Sachanlagen	EUR	EUR	EUR	Rücklagen	EUR	EUR	EUR
Finanzanlagen	EUR	EUR	EUR	**Langfristige Schulden**	EUR	EUR	EUR
Umlaufvermögen	EUR	EUR	EUR	Verzinsliche Verbindlichkeiten	EUR	EUR	EUR
Vorräte	EUR	EUR	EUR	Passive latente Steuern	EUR	EUR	EUR
Forderungen aus Lieferungen und Leistungen und sonstige Forderungen	EUR	EUR	EUR	**Kurzfristige Schulden**	EUR	EUR	EUR
Wertpapiere	EUR	EUR	EUR	Verbindlichkeiten aus Lieferungen und Leistungen und sonstige Verbindlichkeiten	EUR	EUR	EUR

Übersicht Bilanz HBG - IFRS

AKTIVA	IFRS 01.01.–31.12.20.	HGB 01.01.–31.12.20.	Veränderung	PASSIVA	IFRS 01.01.–31.12.20.	HGB 01.01.–31.12.20.	Veränderung
Aktive Rechnungsabgrenzungsposten	EUR	EUR	EUR	Kurzfristige Verbindlichkeiten	EUR	EUR	EUR
Zahlungsmittel und Zahlungsmitteläquivalente	EUR	EUR		Rückstellungen	EUR	EUR	EUR
				Passive Rechnungsabgrenzungsposten	EUR	EUR	EUR
BILANZSUMME	EUR	EUR	EUR	BILANZSUMME	EUR	EUR	EUR

Aktiva

Anlagevermögen	in EUR
Anlagevermögen zum 31.12.20.. nach HGB	
Bewertungsänderungen des immateriellen Anlagevermögens	
Andere Zugangsbewertung (Anschaffungs- und Herstellungskosten) beim Anlagevermögen	
Neubewertung von Anlagevermögen (Folgebewertung)	
Änderung der Abschreibungsmethode	
Sonstige Änderungen (z.B. Behandlung von Leasinggegenständen, etc)	
Anlagevermögen zum 01.01.20.. nach IFRS	

Umlaufvermögen	in EUR
Umlaufvermögen zum 31.12.20.. nach HGB	
Bewertungsänderung der Vorräte	
Bewertungsänderung langfristiger Fertigungaufträge nach der Percentage of Completion Methode	
Unterschiede bei der Bewertung von Forderungen	
Unterschiede in der Bewertung von Wertpapieren des Umlaufvermögens	
Unterschiedliche Behandlung von Rechnungsabgrenzungsposten	
Bewertungänderung Zahlungsmittel	
Umlaufvermögen zum 01.01.20.. nach IFRS	

Passiva

Eigenkapital	in EUR
Eigenkapital zum 31.12.20.. nach HGB	
Aktivierung von Entwicklungskosten	
Neubewertung von Anlagen	

Neubewertung von Finanzanlagen	
Gewinnrealisierung bei langfristigen Fertigungaufträgen	
Unterschiedlicher Ansatz von Rückstellungen	
Sonstige Ansatz -u. Bewertungsunterschiede	
Eigenkapital zum 01.01.20.. nach IFRS	

Rückstellungen	**in EUR**
Rückstellungen zum 31.12.20.. nach HGB	
Erhöhung der Pensionsrückstellungen	
Ansatz- u. Bewertungsunterschiede bei den übrigen Rückstellungen	
Rückstellungen zum 01.01.20.. nach IFRS	

Gewinn- und Verlustrechnung - Gesamtkostenverfahren

	IFRS	HGB
Umsatzerlöse		
Sonstige betriebliche Erträge		
Bestandsveränderungen fertige/unfertige Erzeugnisse		
Materialaufwand und Aufwand für Hilfs- und Betriebsstoffe		
Personalaufwand		
Abschreibungen		
Sonstige betriebliche Aufwendungen		
Betriebsergebnis		
Finanzerträge		
Finanzaufwendungen		
Ergebnis vor Steuern		
Ertragssteuern		
Ergebnis nach Steuern (Aus gewöhnlicher Geschäftstätigkeit)		
Außerordentliches Ergebnis		
Gewinn/Verlust		

Lösungsteil

Lösungen zu Kapitel 1.1 (Gründe für eine Internationale Rechnungslegung):

Gründe für eine Internationalisierung der Rechnungslegung sind u.a.:

- Zugang zu internationalen Kapitalmärkten
- Verbesserung der Information der Aktionäre über Lage und Entwicklung des Unternehmens
- Vereinfachung der Kommunikation und Unternehmensdarstellung auf internationaler Ebene
- Vereinheitlichung des Konzernreporting
- Vereinfachung der Abstimmung mit dem internen Rechnungswesen
- Verbesserte Information der Banken, u.a. auch hinsichtlich einer einheitlichen Grundlage für ein Rating

Lösungen zu Kapitel 1.2 (Systeme der Internationalen Rechnungslegung):

Wesentliche Unterschiede zwischen den Rechnungslegungssystemen US-GAAP und IFRS sind:

- Die US-GAAP wurden für Unternehmen entwickelt, die an einer US-Börse notiert sind, die IFRS wurden von Anfang an als internatioanles Rechnungslegungssystem geplant und weiterentwickelt.
- An der Erstellung der US-GAAP haben mehrere Institutionen mitgewirkt, die jeweils ihren eigenen Beitrag zu den US-GAAP beigesteuert haben. Die US-GAAP gelten durch Ihre Normenvielfalt daher als komplexer als die IFRS.
- Ein Jahresabschluss nach US-GAAP ist klar geregelt. Ein Jahresabschluss nach IFRS läßt etwas mehr Gestaltungsspielraum für die Bilanzpolitik zu.

Lösungen zu Kapitel 2.1 (Rechtliche Rahmenbedingungen):

Ab wann muss ein börsennotiertes Unternehmen seinen Konzernabschluss nach IFRS vorlegen?

- Grundsätzlich müssen alle bösennotierten Unternehmen ab 01.01.2005 einen Konzernabschluss nach IFRS vorlegen. Wird dieser Konzernabschluss allerdings bereits nach den US-GAAP erstellt, so gilt eine Übergangsregelung. Dann muss der Konzernabschluss dieses börsennotierten Unternehmens erst ab 01.01.2007 nach den IFRS vorgelegt werden.

Ein Unternehmen überlegt sich, IFRS einzuführen. Ab wann darf es IFRS einführen? Muss das Unternehmen dann trotzdem noch einen HGB-Abschluss vorlegen?

- Ein paralleler Jahresabschluss nach IFRS ist für jedes Unternehmen jederzeit möglich.
- Auf Einzelabschlussebene gilt für alle Unternehmen in Deutschland trotzdem weiterhin das Recht des HGBs.
- Zudem müssen Konzernabschlüsse nicht börsennortierter Unternehmen einen HGB-Abschluss erstellen bis zum Inkrafttreten des Bilanzrechtsreformgesetzes (BilReG), das generell den Konzern- und Einzelabschluss nach IFRS erlauben wird.

Lösungen zu Kapitel 2.2 (Auswirkungen der Umstellung):

Drei mögliche Auswirkungen der Umstellung von HGB aus IFRS auf einzelne Bilanzpositionen sind:

- Immaterielle Vermögensgegenstände: Selbst geschaffene immaterielle Vermögensgegenstände dürfen nach IFRS aktiviert werden, nach HGB nicht. Daraus ergibt sich u.U. bei der Umstellung von HGB auf IFRS ein höherer Ausweis an immateriellen Vermögensgegenständen.
- Sachanlagen: Bei der Umstellung von HGB aus IFRS wird in der Praxis oft rückwirkend auf die lineare Abschreibungsmethode umgestellt, da diese international anerkannt ist. Wurde bisher nach HGB degressiv angeschrieben ergibt sich ein erhöhter Ausweis der Bilanzposition Sachanlagen.
- Finanzanlagen: Bei Finanzanlagen und Wertpapieren des Umlaufvermögens gilt nach HGB das Niederstwertprinzip; nach IFRS gilt die Bewertung zum Zeitwert (Fair Value). Daraus ergibt sich u.U. bei der Umstellung von HGB auf IFRS ein höherer Ausweis an Finanzanlagen.

Weitere Antwortmöglichkeiten vergleichen Sie bitte mit der Tabelle in Kapitel 2.2.

Lösungen zu Kapitel 3 (Aufbau IFRS-Regelwerk):

- Reihenfolge in der Anwendung der einzelnen Bestandteile des IFRS-Regelwerkes:
  - Interpretationen vor Standards
  - Standards vor Rahmenkonzept
  - Rahmenkonzept vor Vorwort.
- Bestandteile des Jahresabschlusses nach IFRS sind:
  - Bilanz
  - Gewinn- und Verlustrechnung,
  - Eigenkapitalveränderungsrechnung,
  - Kapitalflussrechnung,
  - Bilanzierungs- und Bewertungsmethoden und erläuternder Anhang

  Börsennotierte Unternehmen müssen zusätzlich eine
  - Segmentberichterstattung und
  - das Ergebnis je Aktie angeben.

Lösungen zu Kapitel 4 (Grundsätze der Rechnungslegung):

- Welchen Stellenwert hat das Vorsichtsprinzip beim HGB und den IFRS?

  Das Vorsichtsprinzip spielt im Rahmen des HGB (§252 Abs. 1 Nr. 4) eine vorrangige Rolle. Im Rahmen der IFRS gilt ebenfalls das Rechnungslegungprinzip „Prudence", das mit Vorsichtsprinzip übersetzt werden kann. Das Vorsichtsprinzip ist im Rahmen der IFRS jedoch nicht so stark ausgeprägt wie nach dem HGB. Ein Unterschied besteht auch bei der Anwendung des Imparitätsprinzips (Berücksichtigung nicht realisierter Verluste), das im Rahmen des Vorsichtsprinzips gilt. Das Imparitätsprinzip ist nach HGB zwingend anzuwenden, nach den IFRS wird dieses eher selten angewendet.

- Gilt das Maßgeblichkeitsprinzip des HGB auch für die IFRS?

  Nein. Nach den IFRS gilt eine strikte Trennung der Handels- und Steuerbilanz.

Lösungen zu Kapitel 5.1.1 (Sachanlagen):

Aufgabe 1

	HGB	IFRS
1.	X	X
2.		
3.		
4.		X

Aufgabe 2

Nach § 248 Abs. 2 HGB dürfen diese Kosten nicht aktiviert werden, da dies ein selbsterstellter immaterieller Wert ist, der nicht geltlich erworben wurde.

Nach IAS 38 besteht ein Aktivierungsgebot, da

- der Wert identifizierbar ist (Farbeffekt)
- Das Unternehmen besitzt Verfügungsmacht (kann andere von der Nutzung ausschließen)
- Es bringt einen zusätzlichen Nutzen
- Und die Kosten sind zuverlässig zu ermitteln.

Aufgabe 3

	Alternativ-zulässige Methode		
	Abschreibung	Zuschreibung	Restwert
1. Jahr	160.000	0	1.440.000
2. Jahr	160.000	0	1.280.000
3. Jahr	160.000	0	1.120.000
4. Jahr	160.000	0	960.000
5. Jahr	160.000	100.000	900.000
6. Jahr	180.000	0	720.000
7. Jahr	180.000	0	540.000
8. Jahr	180.000	0	360.000
9. Jahr	180.000	0	180.000
10. Jahr	180.000	0	0

Lösungen zu Kapitel 5.1.2 (Finanzanlagen):

Aufgabe 1

1. Anschaffungskosten, die historischen Kosten, zu denen die Beteiluung erworben wurde
2. at equity, der Wert der Beteiligung wird bei der „Mutter" dem Wert der Beteiligung bei der „Tochter" angepaßt
3. Zeitwert, der „Fair Value", der sich aus dem Marktwert ergibt

Aufgabe 2

1. Held-to-maturity-investments
2. Trading investments

Lösungen zu Kapitel 5.1.3 (Vorräte):

Aufgabe 1

- Für „qualifying assets" ist ein beträchtlicher Zeitraum für die Herstellung erforderlich ist, um sie in einen gebrauchs- oder verkaufsfähigen Zustand zu versetzen.

- Die Kostenrechnung rechnet bzw. kann mit Kosten rechnen, deren Ansatz lt. HGB bzw. IFRS nicht erlaubt sind, z.B. kalkulatorische Kosten oder Vertriebskosten.

- Nach HGB können die gesamten Verwaltungskosten wahlweise angesetzt werden. Nach IFRS besteht für die produktionsbezogenen Verwaltungskosten eine Ansatzpflicht, für die allgemeinen Verwaltungskosten ein Ansatzverbot.

Aufgabe 2

	HGB	IFRS
Materialeinzelkosten	1.000	1.000
Materialgemeinkosten	150	150
Fertigungseinzelkosten	1.500	1.500
Fertigungsgemeinkosten	1.200	1.200
Sondereinzelkosten der Fertigung	100	100
Forschungskosten	---	---
Entwicklungskosten	---	300
Verwaltungskosten - produktionsbezogene Verwaltungskosten - allgemeine Verwaltungskosten	200 250	200 ---
Fremdkapitalzinsen - produktionsbezogene Zinsen - nicht produktionsbezogene Zinsen	100 ---	100 ---
Vertriebskosten	---	---
Herstellungskosten	**4.500**	**4.550**

Aufgabe 3

Nach HGB dürfen Gewinne nicht vor Auftragsabschluss abgerechnet werden, hier entfällt also ein anteiliger Gewinnausweis.

Nach IFRS wird ein anteiliger Gewinnanteil nach der Percentage-of-completion-Methode ermittelt:

	Kosten	Kosten	Gewinnanteil
1. Jahr	2.100.000	35 %	350.000
2. Jahr	2.400.000	40 %	400.000

3. Jahr	1.500.000	25 %	250.000
	6.000.000	100 %	1.000.000

Im zweiten Jahr wird nach IFRS ein Gewinnanteil von 400.000 EUR angesetzt.

Lösung zu Kapitel 5.1.4 (Sonstige Posten des Anlagevermögens):

1. Die Forderung ist zu 50 % abzuschreiben, da es sich hier um ein konkretes spezielles und bewertbares Ausfallrisiko handelt.
2. Ein allgemeines Ausfallrisiko von Forderungen darf zwar nach HGB berücksichtigt werden, nicht aber nach IFRS.
3. Ein anteiliger Gewinn muss ausgewiesen werden: Ausweis unter künftige Forderungen.

Lösungen zu Kapitel 5.1.5 (Eigenkapital):

Aufgabe 1

Richtig sind Nr. 2 und 4.

Aufgabe 2

Nach HGB müssen eigene Anteile auf der Aktivseite ausgewiesen werden, während nach IFRS ein saldierter Ausweis (mehrere Möglichkeiten) vorgesehen ist.

Lösungen zu Kapitel 5.1.6 (Rückstellungen):

Aufgabe 1

1. Hier muss eine Rückstellung gebildet werden, wobei die strittigen Punkte realistisch eingeschätzt werden müssen.
2. Keine Rückstellung, die Kriterien sind zu vage.
3. Rückstellung, hier kommt die Belastung sicher auf das Unternehmen zu.
4. Keine Rückstellung nach IFRS möglich
5. Keine Rückstellung möglich
6. Hier kommt eine sog. Drohverlustrückstellung zum Ansatz
7. Für allgemeine Risiken sind keine Rückstellungen zulässig

Aufgabe 2

Liegt eine rechtliche oder faktische Verpflichtung vor? Ja.

Beruht diese Verpflichtung aus vergangenen Ereignissen? Ja

Ist ein Abfluss von Geldmitteln wahrscheinlich? Ja.

Dies alles spricht zunächst für eine Rückstellung.

Ist eine zuverlässige Schätzung möglich? Nein!

Da keine zuverlässige Schätzung möglich ist, handelt es sich hier nicht um eine Rückstellung sondern um eine Eventuelverbindlichkeit, die im Anhang zu vermerken ist.

Aufgabe 3

1. Nach HGB wird der pessimistische Wert Wert von 90.000 EUR rückgestellt

2. Nach IFRS kommt der Mittelwert von 85.000 EUR zum Ansatz.

Lösungen zu Kapitel 5.1.7 (Verbindlichkeiten):

Aufgabe 1

Ja, nach IFRS reicht eine Mindestgliederung. Ein differenzierter Ausweis kann in den Anhang gelegt werden.

Aufgabe 2

Hier wird es ein Disagio von 10% gegeben haben, dass nach IFRS (anders als nach HGB) sofort als Aufwand verrechnet wurde.

Lösungen zu Kapitel 5.1.8 (Latente Steuern):

1. Unterschiedliche Abschreibungen in Handels- und Steuerbilanz, Neubewertung von Vermögensgegentänden nur in der Handelsbilanz.

2. Die Differenzen zwischen handels- und Steuerbilanz mssen sich im Zeitablauf wieder ausgleichen.

Lösungen zu Kapitel 5.2 (Gewinn- und Verlustrechnung):

1. Nein
2. Ja
3. Nein
4. Nein

Lösungen zu Kapitel 5.3 (Eigenkapitalveränderungsrechnung):

1. Nein
2. Nein
3. Nein
4. Nein

Lösungen zu Kapitel 5.4. (Kapitalflussrechnung):

Aufgabe 1

1. Die Kennzahl Cash flow beschreibt den „Kassenzufluss": Was fließt in einer bestimmten Periode in die Kasse (bzw. auf das Konto)? Denn im Gewinn sind z.B. Abschreibungen und Rückstellungen als Negativkomponenten enthalten: Abschreiben drücken den Gewinn. Und obwohl jetzt der Gewinn gedrückt wird, ist das Geld ja noch im Unternehmen und steht so z.B. für Investitionen, Eroberung neuer Märkte usw. zur Verfügung. Somit ist der Cash flow ein guter Indikator für die Fiananzkraft des Unternehmens.
2. Cash flow aus laufender Geschäftstätigkeit, aus Investitionstätigkeit und aus Finanzierungstätigkeit.
3. Ist das Unternehmen liquide?
   Wie haben sich die Schulden entwickelt?
   Wohin ist das im Unternehmen erwirtschaftete Geld geflossen?
4. Earnings before Interestes and Taxes, Ergebnis vor Zinsen und Steuern.

Aufgabe 2

Bilden Sie aus folgenden Positionen einen Brutto Cash flow:

Operatives Ergebnis (EBIT)	+ 200
Ausgaben für Ertragssteuern	- 10
Abschreibungen auf das Anlagevermögen	+ 80
Veränderung langfristiger Rückstellungen	+ 25
Zunahme Vorräte	- 30
Netto Cash flow	+ 265

Lösungen zu Kapitel 5.5 (Anhang und Segmentberichterstattung):

1. Anlagenspiegel
   Rücklagenbeschreibung
   Risikoangaben bei Beteiligungen
   Aufstellung über wesentliche Verbindlichkeiten
   Angabe der Gewinnrealisierungsmethode bei langfristigen Fertigungsaufträgen

2. Ein Elektrounternehmen nach den Geschäftssegmenten: Haushaltselektrik, Unterhaltungselektronik, Computertechnik.
3. Segmenterträge, Segmentergebnis, Segmentinvestitionen.

Lösungen zu Kapitel 5.6 (Konzernrechnungslegung):

Aufgabe 1

1. Feststellung des Konsolidierungskreises
   Kapitalkonsolidierung
   Konsolidierung von Forderungen und Verbindlichkeiten, Eliminierung von Zwischengewinnen
2. Es würde sonst zu Doppelzählungen kommen. Da ein Konzern aber nach außen wie ein einheitliches Unternehmen auftritt, dürfen Forderungen und Verbindlichkeiten nur einmal erscheinen.
3. Der Wert eines Unternehmens über das Vermögen abzüglich Schulden hinaus. Der Goodwill besteht aus immateriellen Werten, z.B. Kundenstamm, Image usw.

Aufgabe 2

Die Bilanzen eines Konzerns zeigen vereinfacht folgendes Bild. Führen Sie die entsprechenden Konsolidierungsschritte bis zur Konzernbilanz durch, wobei folgende Prämissen zu beachten sind:

Beteiligung an der Tochter = 100 %

Die Tochter beliefert ausschließlich die Mutter

Der Gewinn der Tochter ist aus Geschäften mit der Mutter entstanden

In der Beteiligung ist kein Goodwill enthalten.

	Mutter	Tochter	Summe	Korrekturposten	Konzernbilanz
Anlagevermögen	900	700	1.600		1.600
Beteiligung	600	0	600	-600	0
Vorräte	500	300	800	-100	700
Forderungen	300	200	500	-200	300
Summe	2.300	1.200	3.500		2.600
Eigenkapital	1.300	600	1.900	-600	1.300
Gewinn	200	100	300	-100	200
Verbindlichkeiten	800	500	1.300	-200	1.100
Summe	2.300	1.200	3.500		2.600

Anhang

1. Übersicht über die International Financial Reporting Standards (IFRS)

2. Glossar zu wichtigen Begriffen der IFRS

3. Übersetzungen von Bilanz- und GuV-Positionen ins Amerikanische und Englische

4. Internetadressen zum Thema IFRS

1. Übersicht über die International Financial Reporting Standards (IFRS)

Derzeit umfassen die *International Financial Reporting Standards* die

- International Accounting Standards **IAS 1 bis IAS 41** und
- die **IFRS 1 bis IFRS 5** (Stand April 2004).

Von der **EFRAG** wurden für den europäischen Raum die IAS 1 bis 41 übernommen. ***Von den neuen IFRS wurden für den EU-Raum bisher erst IFRS 1 übernommen.*** Zur Erinnerung, die EFRAG European Financials Reporting System Advisory Group (EFRAG) entscheidet über die Übernahme („endorsement") der IFRS für den EU-Raum. Es ist jedoch davon auszugehen, dass auch die anderen IFRS zügig für den europäischen Raum freigegeben werden.

> In dieser Übersicht werden nur die bisher für den EU-Raum derzeit gültigen Normen wiedergegeben, also IAS 1 bis 41 und IFRS 1.

Auf die Aufzählung der dazugehörigen Interpretationen (SIC und IFRIC) wird hier verzichtet.

Es sind nicht alle Nummern bei den IAS durchgängig besetzt, da durch häufige Änderung der Regelungsinhalte „alte Standards" oft in neue Standards mit einbezogen werden und so die „alte Nummer" frei wird. Um Verwechslungen zu vermeiden, werden solche frei gewordenen Nummern nicht wieder neu vergeben.

	Deutsche Übersetzung	Originalbezeichnung
IAS 1	Darstellung des Abschlusses	Presentation of Financial Statements
	Dieser Standard formuliert die Anforderungen für die Aufstellung und Darstellung von Jahresabschlüssen. Darin enthalten sind auch die Grundannahmen der Rechnungslegung („fundamental accounting assumptions"). Im Anhang zu IAS 1 wird beispielhaft eine Abschlussstruktur dargestellt, die aber - im Gegensatz zu den HGB-Strukturvorschriften – keinen verpflichtenden Charakter hat.	

Während IAS 1 die allgemeinen Grundregeln für die Darstellung, Struktur und Mindestanforderungen an den Inhalt eines Jahresabschlusses nach IFRS festlegt, beginnen ab IAS 2 die Einzelbestimmungen zu Detailproblemen des Rechnungswesens.

	Deutsche Übersetzung	Originalbezeichnung
IAS 2	Vorräte	Inventories
	IAS 2 regelt, wie Vorräte unter Beachtung des Anschaffungskostenprinzips bewertet werden. Der Standard enthält keine Regelungen zu einer möglichen „Fair Value"-Bewertung.	

	Deutsche Übersetzung	Originalbezeichnung
IAS 7	Kapitalflussrechnungen	Cash Flow Statements
	Die Kapitalflussrechnung ist Bestandteil eines IFRS-Abschlusses. Die Kapitalflussrechnung berichtet über Veränderungen der Zahlungsmittel und Zahlungsmitteläquivalente. IAS 7 schreibt den groben Aufbau der Kapitalflussrechnung vor. Die Cash flows sind demgemäß nach betrieblichen Tätigkeiten, Investitions- und Finanzierungstätigkeiten zu unterscheiden.	
IAS 8	Periodenergebnis, grundlegende Fehler und Änderungen der Bilanzierungs- und Bewertungsmethoden	Net Profit or Loss for the Period, Fundamental Errors and Changes in Accounting Policies
	Hier wird die Darstellung der Gewinn- und Verlustrechnung geregelt. Außerdem gibt es Vorgaben, wie mit grundlegenden Bilanzierungsfehlern aus früheren Perioden umzugehen ist und unter welchen Umständen Änderungen der Bilanzierungs- und Bewertungsmethoden zulässig sind.	
IAS 10	Ereignisse nach dem Bilanzstichtag	Events After the Balance Sheet Date
	Ereignisse nach dem Bilanzstichtag sind Ereignisse, die zwischen dem Bilanzstichtag und dem Tag eintreten, an dem der Abschluss zur Veröffentlichung freigegeben wird. IAS 10 legt fest, unter welchen Umständen Ereignisse nach dem Bilanzstichtag im Abschluss zu berücksichtigen sind.	
IAS 11	Fertigungsaufträge	Construction Contracts
	IAS 11 bestimmt, wie Erträge und Aufwendungen im Zusammenhang mit Fertigungsaufträgen im Abschluss des auftragnehmenden Unternehmens zu erfassen sind. Nach IAS 11 sind Fertigungsaufträge nach der „percentage of completion method" zu bewerten, wenn die Auftragserlöse und die Auftragskosten verlässlich ermittelt werden können. IAS 11 enthält zudem eine Reihe von Angabepflichten.	
IAS 12	Ertragssteuern	Income Taxes
	IAS 12 regelt den Ansatz und die Bewertung tatsächlicher und latenter Steuern.	
IAS 14	Segmentsberichterstattung	Segment Reporting
	IAS 14 definiert Geschäftssegmente und geographische Segmente, für die ein eigener abgegrenzter Bericht abzugeben ist. Dieser Bericht ist Pflichtbestandteil des IFRS-Abschlusses für börsennotierte Unternehmen. Unternehmen können auch freiwillig Segmentinformationen im Abschluss angeben.	

	Deutsche Übersetzung	Originalbezeichnung
IAS 15	Informationen über die Auswirkungen von Preisänderungen	Information Reflecting the Effects of Changing Prices
	Dieser Standard verfolgt das Ziel, durch zusätzliche Informationen in Form von Angaben im Anhang oder Nebenrechnungen die Auswirkungen von Preisänderungen auf das operative Ergebnis und die wirtschaftliche Lage des Unternehmens offen zu legen. Da über die Anwendung dieser Norm keine Übereinkunft erzielt werden konnte, ist sie nicht verbindlich (Anwendungswahlrecht). *Ausblick: Über eine Zurücknahme dieser Norm wird zur Zeit nachgedacht.*	
IAS 16	Sachanlagen	Property, Plant and Eqipment
	IAS 16 regelt die Bilanzierung und Bewertung des Sachanlagevermögens. Somit stellt dieser Standard eine Ergänzung zu IAS 2 (Vorräte) dar. Die Regelungen beziehen sich auf die Voraussetzungen für eine Bilanzierung, in welcher Höhe der Ansatz erfolgt, d.h. wie bewertet wird und welche Abschreibungsmethode zu wählen ist. Zusätzlich erfolgen Vorgaben hinsichtlich der Angaben im Anhang bzw. im Anlagenspiegel.	
IAS 17	Leasingverhältnisse	Leases
	Ein Leasingverhältnis (lease) ist eine Vereinbarung, bei der der Leasinggeber (lessor) dem Leasingnehmer (lessee) das Recht auf die Nutzung eines Vermögenswertes gegen Mietzahlung für einen bestimmten Zeitraum überlässt. Unterschieden wird zwischen dem Finance Leasing (Chancen und Risiken des Leasinggutes gehen auf den Leasingnehmer über; Bilanzierung beim Leasingnehmer) und dem Operating Leasing (alle anderen Leasingarten; Bilanzierung biem Leasinggeber).	
IAS 18	Erträge	Revenue
	Ziel ist die periodengerechte Erfassung und Bewertung von Erträgen. Es gibt Bestimmungen zur Bemessung der Erträge, zur Abgrenzung der Geschäftsvorfälle und zur Erfassung von Erlösen verschiedener Geschäftsaktivitäten. Im Mittelpunkt steht der Grundsatz der sauberen Periodenabgrenzung (accrual basis).	
IAS 19	Leistungen an Arbeitnehmer	Employee Benefits
	Arbeitnehmer erhalten neben Lohn oder Gehalt auch zusätzliche Leistungen wie Betriebsrenten, Beteiligungsmodelle usw. IAS 19 regelt die Erfassung und Bewertung sowohl der laufenden als auch der später zu zahlenden Leistungen (z.B. Verpflichtungen aus der betrieblichen Altersversorgung).	

	Deutsche Übersetzung	Originalbezeichnung
IAS 20	Bilanzierung und Darstellung von Zuwendungen der öffentlichen Hand	Accounting for Government Grants and Disclosure of Government Assinstance

IAS 20 regelt die Erfassung und Darstellung von Zuwendungen und Beihilfen der öffentlichen Hand im Abschluss und die entsprechenden Angaben im Anhang.

IAS 21	Auswirkungen von Änderungen der Wechselkurse	The Effects of Changes in Foreign Exchange Rates

Dieser Standard umfasst die Bilanzierung von Geschäftsvorfällen in ausländischer Währung und die Umrechnung von Jahresabschlüssen ausländischer Gesellschaften zur Aufnahme der Gesellschaft in den Abschluss eines Unternehmens oder Konzerns.

IAS 22	Unternehmenszusammenschlüsse	Business Combinations

Ein Zusammenschluss von Unternehmen kann entweder in der Form des Unternehmenserwerbs oder als Interessenzusammenführung erfolgen. Abhängig von diesen Formen legt IAS 22 die entsprechende Abbildung im IFRS-Abschluss fest.
Ausblick: IFRS 3 soll zukünftig IAS 22 ersetzen. Nach IFRS 3 sollen Unternehmenszusammenschlüsse ausschließlich nach der Erwerbsmethode abgebildet werden. IFRS 3 ist noch nicht für den EU-Raum gültig.

IAS 23	Fremdkapitalkosten	Borrowing Costs

Zinsen und andere Kosten, die im Zusammenhang mit der Ausnahme von Fremdkapital entstehen, werden nach IAS 23 als Aufwand erfasst. Alternativ zulässig ist die Aktivierung der Fremdkapitalkosten als Teil der Anschaffungs- oder Herstellungskosten des Vermögenswertes.

IAS 24	Angaben über Beziehungen zu nahe stehenden Unternehmen und Personen	Related Party Disclosures

IAS 24 verlangt die Offenlegung aller Beziehungen zu nahe stehenden Unternehmen und Personen, die direkt oder indirekt einen beherrschenden Einfluss auf das berichtende Unternehmen ausüben können. Diese Offenlegungspflicht gilt unabhängig davon, ob Geschäfte zwischen den Parteien getätigt wurden.

	Deutsche Übersetzung	Originalbezeichnung
IAS 26	Bilanzierung und Berichterstattung von Altersversorgungsplänen	Accounting an Reporting by Retirement Benefit Plans
	IAS 26 regelt die Bilanzierung und Berichterstattung von rechtlich selbständigen Versorgungsträgern gegenüber ihren Mitgliedern.	
IAS 27	Konzernabschlüsse	Consolidated Financial Statements
	IAS 27 regelt die Aufstellungspflicht für den Konzernabschluss, den Konsolidierungskreis und die Konsolidierungsverfahren sowie die Bilanzierung von Anteilen an Tochterunternehmen im Jahresabschluss des Mutterunternehmens.	
IAS 28	Bilanzierung von Anteilen an assoziierten Unternehmen	Investments in Associates
	Hat ein Unternehmen maßgeblichen, aber nicht beherrschenden Einfluss auf ein anderes Unternehmen, so handelt es sich um ein assoziiertes Unternehmen. Die Anteile sind grundsätzlich nach der Equity-Methode zu bilanzieren.	
IAS 29	Rechnungslegung in Hochinflationsländern	Financial Reporting in Hyperinflationary Economies
	IAS 29 enthält Regelungen für Unternehmen, die ihren Abschluss in der Währung eines Hochinflationslands aufstellen. Dieser Standard zeigt zudem Anhaltspunkte auf, wann von einem Hochinflationsland auszugehen ist. Der Standard legt den Umfang der Angabepflichten fest.	
IAS 30	Angaben im Abschluss von Banken und ähnlichen Finanzinstituten	Disclosures in the Financial Statements of Banks and Similar Financial Institutions
	IAS 30 regelt die branchenspezifischen Angabe- und Ausweisvorschriften für den Abschluss von Banken und ähnlichen Finanzinstitutionen. Der Standard ergänzt die entsprechenden Vorschriften in anderen IFRS und hat, als Spezialregelung für die Rechnungslegung von Banken, hier Vorrang vor anderen IFRS .	
IAS 31	Rechnungslegung über Anteile an Joint Ventures	Financial Reporting of Interests in Joint Ventures
	Dieser Standard ist die Konsequenz aus der steigenden Anzahl von Unternehmenskooperationen. Er enthält Regelungen zur Bilanzierung von Anteilen an Gemeinschaftsprojekten oder gemeinschaftlich geführten Unternehmen (Joint Ventures) unabhängig von Struktur oder Form, in der die Aktivitäten eines Joint Ventures stattfinden.	

	Deutsche Übersetzung	**Originalbezeichnung**
IAS 32	Finanzinstrumente: Angaben und Darstellung	Financial Instruments: Disclosure and Presentation
	Neben der Definition, was unter Finanzinstrumente zu verstehen ist, behandelt diese Norm die Darstellungsmethoden des Ausweises von Finanzinstrumenten, aber keine Bewertungsvorschriften.	

	Deutsche Übersetzung	**Originalbezeichnung**
IAS 33	Ergebnis je Aktie	Earnings Per Share
	Hier wird die Kennzahl „Earnings per Share" definiert, mit der die Ertragskraft eines Unternehmens mit der eines anderen Unternhemen verglichen werden kann oder deren Entwicklung im Zeitvergleich für den Bilanzleser interessant ist.	
IAS 34	Zwischenberichterstattung	Interim Financial Reporting
	IAS 34 regelt den Mindestinhalt eines Zwischenberichts sowie die Ansatz- und Bewertungsgrundsätze, die in einem für eine Zwischenberichtsperiode aufgestellten Abschluss zu beachten sind.	

	Deutsche Übersetzung	**Originalbezeichnung**
IAS 35	Einstellung von Bereichen	Discontinuing Operations
	Hier ist festgelegt, wie Geschäftsbereiche bilanziell zu behandeln sind, deren Geschäftstätigkeit eingestellt werden soll, oder die verkauft werden sollen. *Ausblick: Dieser Standard soll durch den geplanten IFRS 5 ersetzt werden. IAS 35 betrifft nur die Aufgabe ganzer Geschäftsbereiche, während IFRS 5 zusätzlich den Ansatz und die Bewertung von langfristigen Vermögenswerten und Gruppen von Vermögenswerten, die für den Verkauf bestimmt sind („Non-current Assests Held for Sale"), regelt.*	

	Deutsche Übersetzung	**Originalbezeichnung**
IAS 36	Wertminderung von Vermögenswerten	Impairment of Assets
	Fällt der Zeitwert eines Vermögensgegenstandes unter seinen Buchwert, so sind entsprechende Abschreibungen auf den niedrigeren Wert vorzunehmen. Ebenso ist die Stornierung der Abschreibung bei Wegfall der Wertminderung in späteren Perioden geregelt (Zuschreibung). Dieser Standard behandelt nur Vermögensgegenstände, die in den Anwendungsbereich folgender Normen fallen: IAS 16, IAS 38, IAS 27, IAS 28 und IAS 31. Keine Anwendung findet dieser Standard bei Vermögensgegenständen im Rahmen von IAS 2, IAS 11, IAS 12, IAS 19 und IAS 32.	

	Deutsche Übersetzung	Originalbezeichnung
IAS 37	Rückstellungen, Eventualschulden und Eventualforderungen	Provisions, Contingent Liabilities and Contingent Assets
	Dieser Standard regelt die Definition, den Ansatz und die Bewertung von Rückstellungen, Eventualschulden und Eventualforderungen.	
IAS 38	Immaterielle Vermögenswerte	Intangible Assets
	IAS 38 regelt die Bilanzierung immaterieller Vermögenswerte, wie z.B. Patente, Lizenzen, Software, Urheberrechte, Warenzeichen, Kundenlisten oder Lieferantenbeziehungen. Nicht betroffen von diesem Standard ist z.B. der Geschäfts- und Firmenwert (Goodwill) oder immaterielle Vermögenswerte, die bereits in anderen Standards behandelt wurden.	
IAS 39	Finanzinstrumente: Ansatz und Bewertung	Financial Instruments: Recognition and Measurement
	IAS 39 ergänzt IAS 32 insbesondere um Vorschriften zu sogenannten Derivaten (siehe Glossar).	
IAS 40	Als Finanzinvestitionen gehaltene Grundstücke und Bauten	Investment Property
	IAS 40 regelt Ansatz und Bewertung von als Finanzinvestition gehaltenen Immobilien. Er ist jedoch nicht anzuwenden auf Sachverhalte, die unter den Anwendungsbereich von IAS 17 fallen.	
IAS 41	Landwirtschaft	Agriculture
	Neben IAS 30, der speziell den Jahresabschluss von Banken regelt, ist IAS 41 der zweite Standard, der sich direkt einer speziellen Branche widmet. Diese Norm regelt Ansatz und Bewertung von biologischen Vermögenswerten und landwirtschaftlichen Erzeugnissen.	
IFRS 1	Erstmalige Anwendung der International Financial Reporting Standards	First-time Adoption of International Financial Reporting Standards
	Dieser Standard regelt, wie ein Unternehmen erstmalig einen IFRS Abschluss erstellt.	

Aktuelle Informationen über die gültigen und geplanten IFRS sind im Internet auf der Homepage der IASB (www.iasc.org) nachzulesen. Welche IFRS bereits für den deutschen Raum gelten, können Sie auf der Homepage des DRSC (www.drsc.de) erfahren.

2. Glossar zu wichtigen Begriffen der IFRS

Accounting Policies: Bilanzierungs- und Bewertungsmethoden; diese sind bei einem IFRS-Abschluss vom Unternehmen offenzulegen

Accruals: Rückstellung im weiteren Sinne (Höhe und Zeitpunkt der Verpflichtung noch relativ unsicher)

Alternativ-zulässige Methode (allowed alternative treatment): Bilanzierungs- bzw. Bewertungsmethode die im Rahmen der IFRS neben der bevorzugten **Benchmark-Methode** (siehe dort) auch zulässig ist

Amortization: Abschreibung auf immaterielle Vermögenswerte

Asset: Vermögenswert

Available-for-sale-securities: Wertpapiere, die bis zum Verkauf gehalten werden. Es liegt keine Handelsabsicht oder Warten bis zur Fälligkeit vor

Balance Sheet: Bilanz

Benchmark-Methode (benchmark treatment): Bilanzierungs- bzw. Bewertungsmethode die im Rahmen der IFRS bevorzugt wird (bei mehreren zulässigen Methoden)

Cash flow: Kassenzufluss

Cash flow Statement: Kapitalflussrechnung (zwingender Bestandteil eines IFRS-Abschlusses)

Case Law: Rechtssystem, das von Spezialregelungen geprägt ist, die einzelfallbezogen sind

Code Law: Rechtssystem, das auf allgemeingültigen Regelungen basiert, die auf viele Fälle anzuwenden sind

Completed-Contract-Methode: Der Gewinn aus einem langfristigen Fertigungsauftrag darf nach dieser Methode erst bei Fertigstellung des Auftrags erfasst werden. Diese Methode wird gemäß HGB bei langfristigen Fertigungsaufträgen angewendet (IFRS: Percentage- of-completion Methode; siehe dort)

Cost-Plus-Vertrag: Vergütungsmethode bei Auftragsfertigung. Danach bekommt der Auftragnehmer seine Kosten plus Gewinnzuschlag

Decision Usefullness (Entscheidungsnützlichkeit): Die Informationen, die z.B. im Rahmen eines IFRS-Abschlusses vermittelt werden, sollen dem Leser dabei helfen, wirtschaftliche Entscheidungen zu treffen

Deferred Income: Vorausbezahlter Ertrag (Rechnungsabgrenzungsposten)

Derivate: Derivativ = abgeleitet. In diesem Fall abgleitete Finanzgeschäfte, die auf Finanzinstrumenten basieren. Beispiel: Optionsgeschäfte auf Basis von Aktien

Discontinuing Operations: Geschäftseinheiten, die stillgelegt poder veräußert werden

Earnings per Share (Ergebnis je Aktie): Börsennotierte Unternehmen müssen das Ergebnis je Aktie im IFRS-Jahresabschluss angeben

EBIT (Earnings before interests and taxes): Ergebnis vor Zinsen und Steuern

Endorsement: Übernahme der IFRS für den europäischen Raum. Gesteuert wird dieser Prozess von der European Financials Reporting System Advisory Group (EFRAG)

Equity: Reinvermögen, Eigenkapital

Equity-Methode: Verrechnungsmethode bei Beteiligungen, bei der der Wert des Eigenkapitals des Mutterunternehmens der Eigenkapitalentwicklung des Tochterunternehmens angepaßt wird

Eventualschulden: Unsichere Verpflichtungen, die nach IFRS noch nicht die Kritierien fr eine Rückstellung erfüllen

Fair Presentation: Eine den tatsächlichen Verhältnissen entsprechende Darstellung des Unternehmens; soll mit Hilfe der IFRS erreicht werden

Fair Value: Beizulegender Zeitwert; Betrag zu dem ein Vermögenswert zwischen voneinander unabhängigen Geschäftspartnern getauscht oder eine Schuld beglichen werden könnte. In der Regel Börsen- oder Marktpreis.

Going concern: Grundsatz der Unternehmensfortführung

Goodwill: Immaterieller Wert eines Unternehmens über den Buchwert von Vermögen und Schulden hinaus

Held-to-maturity-securities: Wertpapiere, die bis zur endgültigen Fälligkeit behalten werden

Impairment: Wertminderung

Income Statement: Gewinn- und Verlustrechnung

Intangible assets: Immaterielle Vermögenswerte

Konsolidierung: Vereinigung, Zusammenfassung (von z.B. Schulden und Verbindlichkeiten mehrerer Unternehmen im Rahmen der Konzernbilanz)

Latente Steuern: Latent – Verborgen, nicht in Erscheinung tretend. Latente Steuern entstehen, wenn es eine Differenz gibt zwischen dem in der Handelsbilanz ausgewiesenen Steueraufwand und dem Steueraufwand nach der steuerlichen Gewinnermittlung.

Liabilities: Schulden

Materiality-Grundsatz: Grundsatz der Wesentlichkeit; unwesentliche Sachverhalte sollen außen vor bleiben, in der praktischen Arbeit hat der marreriality-Grundsatz vor allem bei den Anhangsangaben (notes) eine entlastende Wirkung.

Neubewertungsrücklage: Ein höherer Wert bei der Neubewertung von Sachanlagen wird erfolgsneutral durch eine Rücklage aufgefangen

Notes: Anhang zum IFRS-Abschluss

Percentage-of-Completion-Methode: Nach dieser Methode sind bei langfristigen Fertigungsaufträgen die dazugehörigen Umsätze und Aufwendungen entsprechend dem Grad der Fertigstellung erfolgswirksam zu erfassen. Diese Methode ist gemäß IFRS bei langfristigen Fertigungsaufträgen anzuwenden (HGB: Completed-Contract Methode; siehe dort)

Prepaid expenses: Vorausbezahlte Aufwendungen (Rechnungsabgrenzung)

Prepaid revenue: Vorausbezahlter Ertrag (Rechnungsabgrenzung)

Provisions: Rückstellung im engeren Sinne (es treffen alle Kriterien nach IFRS zu)

Qualifying assets: Qualifizierte Vermögenswerte. Für die Erstellung ist ein längerer Zeitraum erforderlich

Segment: Eine unterscheidbare Geschäftseinheit; börsennotierte Unternehmen müssen gemäß IFRS für ihre Geschäftseinheiten eine Segmentberichterstattung als Teil des Konzernabschlusses vorlegen

Statement of Changes in Equity: Eigenkapitalveränderungsrechnung (zwingender Bestandteil eines IFRS- Abschlusses)

Substance over form: Grundsatz der wirtschaftlichen Betrachtungsweise. Dieser besagt, dass Geschäfte nach ihrem wirtschaftlichen Gehalt und nicht nach formal-juristischen Kriterien zu beurteilen sind.

Trading secutities: Wertpapiere, die zum Handeln gehalten werden

True and fair view: Vermittlung eines den tatsächlichen wirtschaftlichen Verhältnissen entsprechenden Bildes über ein Unternehmen; soll mit der Anwendung der IFRS erreicht werden

3. Übersetzungen von Bilanz- und GuV-Positionen ins Amerikanische und Englische

DEUTSCH	AMERIKANISCH	ENGLISCH
Bilanz	**Balance Sheet**	**Balance Sheet**
Aktivseite	**Assets**	**Assets**

A. Anlagevermögen
   I. Immaterielle Vermögensgegenstände:
      1. Konzessionen, gewerbliche Schutzrechte und ähnliche Rechte und Werte sowie Lizenzen an solchen Rechten und Werten;
      2. Geschäfts- oder Firmenwert;
      3. geleistete Anzahlungen;
	A. Fixed assets
	   I. Intangible assets
	      1. Concessions, industrial and similar rights an assets an licenses in such rights and assets
	      2. Excess of purchase price over fair value of net assets of busness acquired
	      3. Prepayments on intangible assets
		A. Fixed assets
		   I. Intangible assets
		      1. Concessions, patents, licenses, trade marks and similar rights and assets
		      2. Goodwill
		      3. Payment on account

II. Sachanlagen:
      1. Grundstücke, grundstücksgleiche Rechte und Bauten einschließlich der Bauten auf fremden Grundstücken;
      2. technische Anlagen und Maschinen;
      3. andere Anlagen, Betriebs- und Geschäftsausstattung;
      4. geleistete Anzahlungen und Anlagen im Bau;
	II. Tangible assets
	      1. Land, land rights and building including buildings on third party land
	      2. Technical equipment and machines
	      3. Other equipment, factory and office equipment
	      4. Prepayments on tangable assets and construction in progress
		II. Tangible assets
		      1. Land, leasehold rights and buildings including buildings on third party land
		      2. Plant and machinery
		      3. Fixtures, fittings, tools and equipment
		      4. Payment on account and assets in course of construction

III. Finanzanlagen:
      1. Anteile an verbundenen Unternehmen
      2. Ausleihungen an verbundene Unternehmen
      3. Beteiligungen;
      4. Ausleihungen an Unternehmen, mit denen ein Beteiligungsverhältnis besteht;
      5. Wertpapiere des Anlagevermögens;
      6. sonstige Ausleihungen.
	III. Financial assets
	      1. Shares in affiliated companies
	      2. Loans in affiliated companies
	      3. Participations
	      4. Loans to companies in which participations are held
	      5. Long term investments
	      6. Other Loans
		III. Investments
		      1. Shares in group undertakings
		      2. Loans in group undertakings
		      3. Participation interests
		      4. Loans to undertakings in which the company has a participating interest
		      5. Other investments other than loans
		      6. Other loans

DEUTSCH	AMERIKANISCH	ENGLISCH
Aktivseite	**Assets**	**Assets**

B. Umlaufvermögen:
  I. Vorräte:
    1. Roh-, Hilfs- und Betriebsstoffe;
    2. unfertige Erzeugnisse, unfertige Leistungen;
    3. fertige Erzeugnisse und Waren;
    4. geleistete Anzahlungen;
	B. Current assets
	  I. Inventories
	    1. Raw materials and supplies
	    2. Work in process
	    3. Finished goods and merchandise
	    4. Prepayments on inventories
		B. Current assets
		  I. Stocks
		    1. Raw materials and supplies
		    2. Work in progress
		    3. Finished goods and goods for resale
		    4. Payments on account

II. Forderungen und sonstige Vermögensgegenstände
    1. Forderungen aus Lieferungen und Leistungen;
    2. Forderungen gegen verbundene Unternehmen;
    3. Forderungen gegen Unternehmen, mit denen ein Beteiligungsverhältnis besteht;
    4. sonstige Vermögensgegenstände;
	II. Receivables and other assets
	    1. Trade receivables
	    2. Receivables from affiliated companies
	    3. Receivables from companies in which participations are held
	    4. Other assets
		II. Debtors and other assets
		    1. Trade deptors
		    2. Amounts owed by group undertaking
		    3. Amounts owed by undertakings in which the company has a participating interest
		    4. Other assets

III. Wertpapiere;
    1. Anteile an verbundenen Unternehmen;
    2. eigene Anteile;
    3. sonstige Wertpapiere;
	III. Securities
	    1. Shares in affiliated companies
	    2. Treasury stock
	    3. Other short term investments
		III. Investments
		    1. Shares in group undertakings
		    2. Own shares
		    3. Other investments

IV. Schecks, Kassenbestand, Bundesbank- und Postgiroguthaben, Guthaben bei Kreditinstituten.	IV. Cash	IV. Cheques, Cash at bank and in hand, postal giro and central bank balances
C. Rechnungsabgrenzungsposten:	C. Prepaid expenses	C. Prepayments and accrued income

DEUTSCH	AMERIKANISCH	ENGLISCH
Passivseite	**Equity and liabilities**	**Liabilities**

A. Eigenkapital:
 I. Gezeichnetes Kapital
 II. Kapitalrücklage;
 III. Gewinnrücklagen;
     1. Gesetzliche Rücklage;
     2. Rücklage auf eigene Anteile;
     3. Satzungsmäßige Rücklagen
     4. Andere Gewinnrücklagen
 IV. Gewinnvortrag/Verlustvortrag
 V. Jahresüberschuß/Jahresfehlbetrag
	A. Equity
	 I. Subcribed capital
	 II. Capital reserve
	 III. Revenue reserve
	     1. Legal reserve
	     2. Reserve for own shares
	     3. Statutory reserves
	     4. Other revenue reserves
	 IV. Retained profits/accumulated loses brought forward
	 V. Net income/net loss for the year
		A. Shareholders` equity
		 I. Share capital
		 II. Share premium account
		 III. Appropriated surplus
		     1. Statutory reserves
		     2. Reserve for own shares
		     3. Reserves profided for by the articles of association
		     4. Other reserves
		 IV. Retained earnings brought forward
		 V. Net income for the year

B. Rückstellungen:
     1. Rückstellungen für Pensionen und ähnliche Verpflichtungen;
     2. Steuerrückstellungen;
     3. Sonstige Rückstellungen.
	B. Accruals
	     1. Accruals for pensions and similar obligations
	     2. Tax accruals
	     3. Other accruals
		B. Provisions
		     1. Provisions for pensions and similar obligations
		     2. Provisions for taxation including deferred taxation
		     3. Other provisions

C. Verbindlichkeiten:
     1. Anleihen, davon konvertibel;
     2. Verbindlichkeiten gegenüber Kreditinstituten;
     3. Erhaltene Anzahlungen auf Bestellungen;
     4. Verbindlichkeiten aus Lieferungen und Leistungen;
     5. Verbindlichkeiten aus der Annahme gezogener Wechsel und der Ausstellung eigener Wechsel;
     6. Verbindlichkeiten gegenüber verbundenen Unternehmen;
     7. Verbindlichkeiten gegenüber Unternehmen, mit denen ein Beteiligungsverhältnis besteht;
     8. Sonstige Verbindlichkeiten, davon aus Steuern davon im Rahmen der sozialen Sicherheit
	C. Liabilities
	     1. Loans, of which...convertible
	     2. Liabilities to banks
	     3. Payments received on account of orders
	     4. Trade payables
	     5. Liabilities on bills accepted and drawn
	     6. Payable to affiliated companies
	     7. Payable to companies in which participations are held
	     8. Other liabilities of which ... ataxes of which ... relating to social securitiy and similar obligations
		C. Creditors
		     1. Loans payable, of which... is convertible
		     2. Bank loans and overdraft
		     3. Payment received on account
		     4. Trade creditors
		     5. Bills of exchange payable
		     6. Amounts owed to group undertakings
		     7. Amounts owed to undertakings in which the company has a participation
		     8. Other creditors including taxation and social security

D. Rechnungsabgrenzungsposten:	D. Deferred income	D. Deferred income

DEUTSCH	AMERIKANISCH	ENGLISCH
Gewinn- und Verlustrechnung:	**Profit and Loss Account:**	**Profit and Loss Account:**
Bei Anwendung des Gesamtkostenfahrens sind auszuweisen:	For the type of expenditure format there must be disclosed:	For the type of expenditure format there must be disclosed:
1. Umsatzerlöse	1. Sales	1. Turnover
2. Erhöhung oder Verminderung des Bestandes an fertigen und unfertigen Erzeugnissen	2. Increase or decrease in finished goods inventories and work in process	2. Change in stock of finished goods and work in progress
3. andere aktivierte Eigenleistungen	3. Own work capitalized	3. Own work capitalized
4. sonstige betriebliche Erträge	4. Other operating income	4. Other operating income
5. Materialaufwand a) Aufwendungen für Roh-, Hilfs- und Betriebsstoffe und für bezogene Waren b) Aufwendungen für bezogene Leistungen	5. Costs of materials a) Cost of rax materials, consumables and supplies and of purchased merchandise b) Cost of purchased service	5. Cost of materials a) Cost of raw materials, consumables and of purchased merchandise b) Cost of purchased services
6. Personalaufwand a) Löhne und Gehälter b) soziale Abgaben und Aufwendungen für Altersversorgung und für Unterstützungen, davon Altersversorgung	6. Personell expenses a) Wages and salaries b) Social security and pension expenses, there of ... pension expenses	6. Staff costs a) Wages and salaries b) Social security, pensions and other benefit costs, of which ... is for pension costs
7. Abschreibungen a) auf immaterielle Vermögensgegenstände des Anlagevermögens und Sachanlagen sowie auf aktivierte Aufwendungen für die Ingangsetzung und Erweiterung des Geschäftsbetriebes b) auf Vermögensgegenstände des Umlaufvermögens soweit diese die in der Kapitalgesellschaft üblichen Abschreibungen überschreiten	7. Depreciations and amortization a) on intangible fixed assets and tangible assets as well on capitalized start-up and business expansion expenses b) exceptional write downs on current assets	7. Depreciation a) written of tangible and intangible fixed assets b) written of current assets
8. sonstige betriebliche Aufwendungen	8. Other operating expenses	8. Other operating charges
9. Erträge aus Beteiligungen, davon aus verbundenen Unternehmen	9. Income from other participations, of which ... from affiliated companies	9. Participating interests, of which ... is for shares in group undertakings
10. Erträge aus anderen Wertpapieren und Ausleihungen des Finanzanlagevermögens, davon aus verbundenen Unternehmen	10. Income from other investments and long term loans, of which ... relating to affiliated companies	10. Income from fixed asset investments and long-term loads, of which ... relates to shares in group undertakings
11. sonstige Zinsen und ähnliche Erträge, davon aus verbundenen Unternehmen	11. Other interest and similar income, of which ... related to affiliated companies	11. Other interest receivable and similar income, of which ... relates to shares in group undertakings
12. Abschreibungen auf Finanzanlagen und auf Wertpapiere des Umlaufvermögens	12. Write downs on financial assets and short term investments	12. Amounts written off investments
13. Zinsen und ähnliche Aufwendungen, davon an verbundene Unternehmen	13. Interest and similar expenses, of which ... to affiliated companies	13. Interest payable and similar charges
14. Ergebnis der gewöhnlichen Geschäftstätigkeit	14. Result of ordinary activities	14. Profit or loss on ordinary activities
15. außerordentliche Erträge	15. Extraordinary income	15. Extraordinary income
16. außerordentliche Aufwendungen	16. Extraordinary expenses	16. Extraordinary charges
17. außerordentliches Ergebnis	17. Extraordinary result	17. Extraordinary profit or loss
18. Steuern vom Einkommen und Ertrag	18. Taxes on income	18. Tax on profit
19. sonstige Steuern	19. Other taxes	19. Other taxes
20. Jahresüberschuß/Jahresfehlbetrag.	20. Net income/net loss for the year	20. Profit or loss for the financial year

DEUTSCH	AMERIKANISCH	ENGLISCH
Gewinn- und Verlustrechnung:	**Profit and Loss Account:**	**Profit and Loss Account:**
Bei Anwendung des Umsatzkostenverfahrens sind auszuweisen:	For the operational format there shall be disclosed:	For the operational format there shall be disclosed:
1. Umsatzerlöse	1. Sales	1. Turnover
2. Herstellungskosten der zur Erzielung der Umsatzerlöse erbrachten Leistungen	2. Costs of sales	2. Cost of sales
3. Bruttoergebnis vom Umsatz	3. Gross profit on sales	3. Gross profit or loss
4. Vertriebskosten	4. Selling expenses	4. Distribution costs
5. allgemeine Verwaltungskosten	5. General administration expenses	5. General administrative expenses
6. sonstige betriebliche Erträge	6. Other operating income	6. Other operating income
7. sonstige betriebliche Aufwendungen	7. Other operating expenses	7. Other operating expenses/charges
8. Erträge aus Beteiligungen, davon aus verbundenen Unternehmen	8. Income from participation of which ... affiliated companies	8. Income from participating interests, of which ... is for shares in group undertakings
9. Erträge aus anderen Wertpapieren und Ausleihungen des Finanzanlagevermögens, davon aus verbundenen Unternehmen	9. Income from other investments and long term loans, of which ... relating to affiliated companies	9. Income from fixed asset investments and long-term loads, of which ... relates to shares in group undertakings
10. sonstige Zinsen und ähnliche Erträge, davon aus verbundenen Unternehmen	10. Other interest and similar income, of which ... from affiliated companies	10. Other interest receivable and similar income, of which ... relates to shares in group undertakings
11. Abschreibungen auf Finanzanlagen und auf Wertpapiere des Umlaufvermögens	11. Write downs on financial assets and short term investments	11. Amounts written off investments
12. Zinsen und ähnliche Aufwendungen, davon an verbundene Unternehmen	12. Interest and similar expenses, of which ... to affiliated companies	12. Interest payable and similar charges of which ... relates to shares in group undertakings
13. Ergebnis der gewöhnlichen Geschäftstätigkeit	13. Result of ordinary activities	13. Profit or loss on ordinary activities
14. außerordentliche Erträge	14. Extraordinary income	14. Extraordinary income
15. außerordentliche Aufwendungen	15. Extraordinary expenses	15. Extraordinary charges
16. außerordentliches Ergebnis	16. Extraordinary result	16. Extraordinary profit or loss
17. Steuern vom Einkommen und Ertrag	17. Taxes on income	17. Tax on profit
18. sonstige Steuern	18. Other taxes	18. Other taxes
19. Jahresüberschuß/Jahresfehlbetrag.	19. Net income/net loss for the year	19. Profit or loss for the financial year

4. Internetadressen zum Thema IFRS

Zum Thema IFRS gibt es eine Vielzahl von Anlaufstellen. Die wichtigsten sind hierbei folgende Institutionen:

- Auf internationaler Ebene:

  IASB: International Accounting Standards Board (www.iasb.org)

- Auf europäischer Ebene:

  EFRAG: European Financial Reporting Advisory Group (www.efrag.org)

- In Deutschland:

  DRSC: Deutsches Rechnungslegungs Standards Committee e.V. (www.drsc.de)

HIER DIE LOHNENDEN INTERNETADRESSEN IM DETAIL:

www.drsc.de

Dies ist die Homepage des DRSC Deutschen Rechnungslegungs Standards Committee e.V. und ist damit die führende deutsche Internetseite zum Thema IFRS. Das **Deutsche Rechnungslegungs Standards Committee (DRSC)** vertritt die deutschen Interessen in internationalen Rechnungslegungsgremien (IASB, EFRAG) und berät das Bundesministerium der Justiz in Fragen der Rechnungslegung.

Auf der Seite finden Sie eine **kurze deutsche Zusammenfassung der IFRS**. Diese Zusammenfassung stellt allerdings keine offizielle deutsche Übersetzung der IFRS dar, die ebenso wie die englischen Originaltexte nur im Buchhandel oder online über die Website des International Accounting Standards Board (www.iasb.org) erhältlich sind.

Hilfreich für den Einstieg in die Thematik der IFRS sind auch die vom DRSC gegebenen Antworten auf die **FAQ Frequently asked questions** (= häufig gestellte Fragen), die Nutzer der Homepage an das DRSC gestellt haben.

Das DRSC bietet auf seiner Homepage als speziellen Service einen **Newsletter** an, der Sie über aktuelle Informationen zum Thema internationale Rechnungslegung auf dem Laufenden hält.

www.iasb.org

Der International Accounting Standards Board (IASB) ist der Nachfolger des IASC International Accounting Standards Committee, das 1973 gegründet wurde. Der IASB verfolgt das Ziel, eine weltweite Harmonisierung der Rechnungslegung zu erreichen. Der IASB gibt hierzu die International Financial Reporting Standards (IFRS) heraus. Diese Seite ist damit die führende internationale Internetseite zum Thema IFRS. Sie finden auf der Seite eine Zusammenfassung der aktuellen Standards zum nachlesen, sowie Pressemitteilungen des IASB und Hintergrundinformationen zum Thema. Zudem können Sie online die Standards z.B. in Englisch oder Deutsch bestellen.

www.efrag.org

Die European Financial Reporting Advisory Group EFRAG wurde 2001 auf Betreiben des europäischen Wirtschaftsprüferverbandes FEE (Fédération des Experts Comptables Européens) gegründet. Sie EFRAG hat die Aufgabe, einerseits die EU-Kommission in Fragen der IFRS zu beraten und andererseits die europäischen Interessen gegenüber den internationalen Gremien (IASB) zu vertreten.

Auf dieser Seite finden Sie Informationen zu den aktuellen Aktivitäten und Projekten der EFRAG, insbesondere zum Stand der Übernahme („endorsement") einzelner IFRS.

www.bmj.bund.de

Homepage des Bundesministeriums der Justiz

Hier finden Sie über die Auswahl *Themen – Handels- und Wirtschaftsrecht* aktuelle Informationen zu den Anwendungsmöglichkeiten der internationalen Rechnungslegung für Unternehmen in Deutschland. Insbesondere informiert Sie die Seite über aktuelle Gesetzesentwürfe zur **Bilanzrechtsmodernisierung**, z.B. über den Stand des Gesetzes zur Einführung internationaler Rechnungslegungsstandards und zur Sicherung der Qualität der Abschlussprüfung (**Bilanzrechtsreformgesetzes - BilReG**). In diesem Gesetz ist lt. Referentenentwurf vom Dezember 2003 vorgesehen, die IFRS für alle Konzern- und Einzelabschlüsse in Deutschland zuzulassen.

www.idw.de

Institut der Wirtschaftsprüfer in Deutschland e.V. (IDW), Gründungsmitglied des 1973 gegründeten International Accounting Standards Committee (IASC).

Auf den Seiten des IDW finden Sie deren Stellungnahmen zu den aktuellen Reformvorhaben, speziell das Bilanzrecht betreffend.

www.wpk.de

Wirtschaftsprüferkammer, Körperschaft des öffentlichen Rechts.

Die Wirtschaftsprüferkammer ist ebenfalls Gründungsmitglied des IASC. Auf der Internetseite finden Sie aktuelle Nachrichten und Presseinformationen, die für die Arbeit von Wirtschaftsprüfern und vereidigten Buchprüfern relevant sind.

Literaturverzeichnis

Barthélemy, Frank/Willen, Bernd-Uwe, Handbuch IAS/IFRS, Freiburg u.a. 2003

Das Handbuch richtet sich in erster Linie an Unternehmen, die ihre Rechnungslegung auf IFRS umstellen wollen. Hierzu wird ein Projektplan vorgestellt und insbesondere auf die Realisation unter SAP R/3 eingegangen.

Born, Karl, Rechnungslegung nach IAS, US-GAAP und HGB im Vergleich, 2. Aufl., Stuttgart 2001

Das Buch stellt kurz die einzelnen Rechnungslegungssysteme vor und gibt anschließend eine synoptische Übersicht über die wesentlichen Unterschiede der Systeme. Beispiele aus der deutschen Unternehmenspraxis runden das Buch ab.

Buchholz, Rainer, Internationale Rechnungslegung, 3. Aufl., Berlin 2003

Die Vorschriften nach IFRS, HGB und US-GAAP im Vergleich, ergänzt um einen Aufgaben- und Lösungsteil.

Federmann/IASCF (Hrsg.). IAS-STUD, Berlin 2002

Für Studienzwecke gekürzte deutsche Orginalfassung der International Accounting Standards

International Accounting Standards Board (Hrsg.): International Accounting Standards 2002 (Deutsche Ausgabe), Stuttgart 2004

Dies ist die offizielle deutsche Übersetzung der IFRS, hier noch unter der Bezeichnung „International Accounting Standards".

International Accounting Standards Committee (Hrsg.): International Financial Reporting Standards 2004, London 2004

Dies ist die englische Originalausgabe der International Financial Reporting Standards (IFRS). Diese kann z.B. über das Internet (www.iasc.org) bezogen werden.

Kremin-Buch, Beate, Internationale Rechnungslegung, 3. Aufl., Wiesbaden 2002

Dieses Lehrbuch erläutert die Grundzüge der Rechnungslegung nach HGB, IFRS und US-GAAP. Fallstudien verdeutlichen die Unterschiede zwischen den Verfahren.

Lüdenbach, Norbert, IAS/IFRS, 3. Aufl., Freiburg u.a. 2004

Ein Ratgeber für die Umstellung von HGB auf IAS/IFRS. Die Überleitung eines handelsrechtlichen Abschlusses in einen IFRS-Abschluss wird durch die Vorstellung eines Einführungsplans unterstützt.

Tanski, Joachim S., Internationale Rechnungslegungsstandards, München 2002

Dieses Taschenbuch erläutert die IAS Standard für Standard. Dies ermöglicht eine schrittweise Erschließung des gesamten Regelwerks.

Stichwortverzeichnis

Abschreibung, ausserplanmässig 50
Abschreibungsmethode, Umstellung 51
Abschreibungsmethoden 48
Accruals 81
Alternativ-zulässige Methode 37, 52
Amortization 49
Anhang 104
Anlegerschutz 31
Anschaffungs- und Herstellungskosten, nachträgliche 48
Anschaffungskosten 47
Anschaffungsnebenkosten 47
Asset 36
Assoziierte Unternehmen 57
Available-for-sale 60
Basel II 2
Benchmark-Methode 37, 52
Beteiligungen 57
Bilanz 40
Bilanzgliederung 41
Case Law 30
Cash flow 98
Code Law 29
Completed-contract-Methode 68
Corporate Governance 2
Cost-Plus-Verträge 68
Cost-to-cost-Methode 68
Decision usefullness (Entscheidungsnützlichkeit) 33
Derivate 61
Deutsche Rechnungslegungs Standards (DRS) 37
Deutsche Rechnungslegungs Standards Committee (DRSC) 9
Disagio 88
Discontinuing operations 96
EBIT 102
Effektivzinsmethode 88
Eigene Anteile 78
Eigenkapital 75

Eigenkapitalveränderungsrechnung 96
Entwicklungsaufwand 44
Equity-Methode 58
European Financials Reporting System Advisory Group (EFRAG) 9
Eventualschuld 81
Externes Rechnungswesen 39
fair presentation 34
Fair Value 37
Fertigungsaufträge 62
Festpreisverträge 68
Finanzderivate 61
Finanzvermögen 56
Firmenwert 46
Forderungen 72
Forderungen, zweifelhafte 72
Forschungs- und Entwicklungsaufwendungen 44
Framework 23
Fremdwährungsverbindlichkeiten 88
Gesamtkostenverfahren 94
Geschäftswert 46
Gewinn- und Verlustrechnung 94
Gewinnrealisierung, anteilige 68
Gewinnrücklagen 76
Gewinnvortrag 77
Gezeichnetes Kapital 76
Gläubigerschutz 30
Goodwill 46
Konzernabschluss 109
Held-to-maturity 60
Herstellungskosten 47, 64
House of GAAP 6
House of IFRS 8
IFRIC 8, 24
IFRS-Abschluss
Bestandteile 25
Rechtliche Rahmenbedingungen 13
Immaterielle Wirtschaftsgüter 42
Impairment 50

Imparitätsprinzip 35
International Accounting Standards Board (IASB) 7
International Accounting Standards Committee (IASC) 7
Internes Rechnungswesen 39
Jahresfehlbetrag 77
Jahresüberschuss 77
Kalkulatorische Kosten 40
Kapitalflussrechnung 98
Kapitalkonsolidierung 109
Kapitalrücklage 76
Konsolidierung 107
Konsolidierungskreis 108
Konzernabschluss 107
Lagebericht 25
Langfristige Fertigung 68
Latente Steuern 90
Leasing 53
Leerkosten 67
Liability 36
Maßgeblichkeitsprinzip 31
Materiality 33
Neubewertung Anlagevermögen 52
Neubewertungsrücklage 52, 78
Other comprehensive income 78
Pauschalwertberichtigung 73
Pensionsrückstellungen 84
Percentage-of-completion-Methode 68
Projektplan Einführung IFRS 129
Provisions 81
Qualifying assets 65
Rahmenkonzept 23
Rating 2

Realisationsprinzip 35
Rechnungsabgrenzung 73
Rückstellungen 80
Segmentberichterstattung 104
Selbsterstellte Anlagen 47
SIC 8, 24
Steuerbilanz 31
Temporäre Differenzen 91
Trading investments 60
true and fair view 34
Überleitung von HGB auf IFRS 130
Umsatzkostenverfahren 94
Unternehmensfortführungsprinzip 31
US-GAAP 4
Verbindlichkeiten 86
Verlustvortrag 77
Verwaltungskosten 47
Vorräte 62
Vorräte, Bewertung 63
Vorratsbewertung
Entwicklungskosten 64
Foschungskosten 64
Vertriebskosten 65
Verwaltungskosten 64
Zinsen 64
Vorsichtsprinzip 35
Vorwort (Preface) zu den IFRS 23
Wertaufholung 51
Wertminderung 50
Wertpapiere 60
Wesentlichkeit 33
Zahlungsmittel 74
Zuschreibung 51
Zwischengewinneliminierung 110

If you have any concerns about our products,
you can contact us on
ProductSafety@springernature.com

In case Publisher is established outside the EU,
the EU authorized representative is:
**Springer Nature Customer Service Center GmbH
Europaplatz 3, 69115 Heidelberg, Germany**

Printed by Libri Plureos GmbH
in Hamburg, Germany